Kleines Lexikon
Hypertonie und Bewegung

K. Völker und D. Lagerstrøm

Echo Verlags GmbH · Köln

1991

Anschrift des Autors:

Dr. med. Klaus Völker
Institut für Kreislaufforschung
und Sportmedizin
Deutsche Sporthochschule Köln
5000 Köln 41

Dr. Sportwiss. Dieter Lagerstrøm
Institut für Kreislaufforschung
und Sportmedizin
Deutsche Sporthochschule Köln
5000 Köln 41

CIP-Titelaufnahme der Deutschen Bibliothek

Völker, Klaus:
Kleines Lexikon Hypertonie und Bewegung / K. Völker und D. Lagerstrøm. –
Köln: Echo-Verl., 1990
ISBN 3-926518-31-6
NE: Lagerstrøm, Dieter:; HST

Echo Verlags-GmbH,
Medizinischer Fachverlag
Herausgeber: Dr. med. Klaus Völker
Selma-Lagerlöf-Straße 55, 5000 Köln 40 (Weiden)
Zeichnungen: D. O. Roth, Solingen
Gesamtherstellung: C. Limbach GmbH, Köln
Printed in Germany
ISBN 3-926518-31-6

Vorwort

Der Frage des Sports in der Hochdruckbehandlung kommt eine zunehmend wichtige Bedeutung zu. Körperliche Aktivität gehörte seit jeher zu den Empfehlungen, die den Hochdruckpatienten im Rahmen der Allgemeinmaßnahmen angeraten wurden. Die Bedeutung der körperlichen Aktivität für den Hochdruckpatienten ist durch eine Reihe von Entwicklungen in den letzten Jahren auch beispielhaft für andere Massenerkrankungen in besonderer Art und Weise akzentuiert worden.

Wir wissen heute, daß jeder, auch nur der gering erhöhte Blutdruck behandelt werden muß, um Herz-Kreislaufkomplikationen zu vermeiden. Die sogenannten leichten Hochdruckformen machen 70 % der Hypertoniker aus, hier ereignen sich immerhin 40 % der kardiovaskulären Komplikationen. Behandlung kann hier aber keineswegs nur als medikamentöse Behandlung verstanden werden. Wenn man davon ausgeht, daß in der Bundesrepublik 5 bis 8 Millionen Hypertoniker medikamentös behandelt werden müßten, so wären, unabhängig von den entstehenden Kosten, schon aus statistischen Gründen eine große Zahl von medikamentös bedingten Komplikationen zu erwarten.

Andererseits ist inzwischen aber auch wirtschaftlich unser Gesundheitssystem bekanntlich an der Grenze angekommen, die das Gesellschaftssystem finanzieren kann. Mehr und mehr ist der einzelne Patient dazu aufgerufen, Erkrankungen durch gesundheitsbewußtes Verhalten zu vermeiden. Die Hochdruckkrankheit bietet sich hier als besonders gutes Beispiel an. Der Hochdruck ist schließlich diejenige Erkrankung, die als Einzelkrankheit zu den meisten Todesfällen führt, da hierdurch nicht nur der Herzinfarkt sondern besonders auch die Apoplexie als zweite große Gruppe innerhalb der kardiovaskulär bedingten Todesfälle entscheidend mitbedingt ist. Mehr und mehr ist der Arzt daher aufgerufen, nicht nur medikamentös zu kurieren, sondern besonders auch hinsichtlich einer vernünftigen Lebensführung zur Vermeidung und Einschränkung von Risiken zu beraten. Dies drückt sich beispielsweise auch in der neuen Gebührenordnung aus.

Beratung hinsichtlich der Lebensführung heißt jedoch keineswegs nur die Gabe von unverbindlichen Allgemeinempfehlungen, die dann vom Patienten als für ihn spezifisch zutreffende therapeutische Richtlinien empfunden werden. Dies zeigt sich besonders auch in der Beratung des körperlich aktiven Hypertonikers. Die allgemeine Empfehlung: „Joggen Sie mal ein bißchen“ wird nur wenig zu Effekten führen. Zahlreiche Hochdruckpatienten treiben heute nicht nur wegen ihres Hochdrucks, sondern auch trotz ihres Hochdrucks Sport. Hier tauchen in der

Praxis viele Probleme auf, zu denen in der vorliegenden Broschüre stichwortartig Stellung genommen wird. Sie geht dabei nicht von einer wissenschaftlichen Schematisierung aus, sondern von den Verhältnissen in der Praxis, also von jeweils auftauchenden Problemen – wie etwa Hochdruck und Body-Building – und gibt hierzu praktikable Ratschläge. Ich bin sicher, daß dieser Informationsweg sich auf einem solch wichtigen Gebiet als besonders hilfreich erweisen wird.

R. Rost, Köln

Inhalt

Einleitung

„Sich bewegen bringt Segen", dieses leicht abgewandelte Dichterwort gilt in besonderem Maße für den Hypertoniker. So kann der Hypertoniker in vielfältiger Weise von den positiven Auswirkungen des Sports direkt oder indirekt profitieren. Zudem vermeidet er einen weiteren, für ihn das Gefäßrisiko deutlich erhöhenden Risikofaktor, den Bewegungsmangel.

Bewegung kann zwar ein Heilmittel, jedoch kein Allheilmittel sein. Sie kann andere Allgemeinmaßnahmen der Hochdrucktherapie wie z. B. die Diät nicht ersetzen, sie ist ebenso keine Alternative zur medikamentösen Therapie. Bei milden Formen der Hypertonie kann Bewegung als Einzelmaßnahme versucht werden, bei schweren Hypertonieformen stellt sie ein Adjuvanz von nicht unwesentlicher Bedeutung dar, daß die Hochdrucktherapie direkt oder indirekt unterstützt.

Bloßer, undifferenzierter Aktionismus ist jedoch nicht angesagt, sondern eine differenzierte Betrachtung des Phänomens Bewegung und Sport. Wie bei jedem wirksamen Heilmittel gibt es eine unwirksame, zu niedrige Dosis, das rechte Maß und die Überdosis mit einer Vielzahl nicht unerheblicher Gefahrenmomente.

Die Ausführungen in diesem kleinen Lexikon „Hypertonie und Sport" richten sich in erster Linie an Patienten mit milder Hypertonie, bei denen die nicht medikamentösen Maßnahmen, also auch der Sport, ganz im Vordergrund der Behandlung stehen. In zweiter Linie sind Patienten mit manifestem Hypertonus angesprochen, dieser sollte jedoch suffizient eingestellt sein. Vorausgesetzt wird zudem, daß noch eine gewisse körperliche Belastbarkeit vorliegt, die das Ausüben von Sport erst gestattet. Hypertoniker mit extrem hohen Blutdruckwerten oder gar malignen Hypertonien zählen also ebenso wenig zum Adressatenkreis dieses Büchleins wie Hypertoniker mit stark einschränkenden Organkomplikationen.

Durch die Darstellung der Zusammenhänge zwischen Bluthochdruck und sportlicher Belastung soll versucht werden, die Befürwortung oder Ablehnung einzelner Belastungsformen transparent zu machen. Andererseits soll dem Leser eine gewisse Kompetenz vermittelt werden, im speziellen Einzelfall selbständig und durchaus auch abweichend vom Tenor der Aussagen entscheiden zu können.

Abnehmen durch Sport

Der unmittelbare Kalorienverbrauch durch Sport ist relativ gering. Bei mittlerer Belastungsintensität beträgt er bei normalgewichtigen Männern etwa 10 bis 15 Kcal/min. Um eine Tafel Schokolade oder die abendliche Flasche Bier abzutrainieren, muß man „schon ganz schön lange" aktiv sein. Nicht beachtet bleibt bei dieser Rechnung, daß der Energiestoffwechsel nicht unmittelbar nach Belastung zum Ruheniveau zurückkehrt. Je nach Intensität und Umfang einer Belastung bleibt der Energieumsatz für Minuten bis Stunden erhöht. Dieser Kalorienverbrauch wäre also noch zu der obigen Rechnung hinzuzufügen.

Nicht unerheblich für das Abnehmen bleibt auch die Tatsache, daß längerfristiges Training (z. B. Ausdauertraining) sowohl den Energieverbrauch bei Arbeit (höherer Anteil an Fettverbrennung) als auch die Energieaufnahme in den Depots verändert und so auch einen Beitrag zum Abnehmen leisten kann.

Selbst wenn man den akuten Energieverbrauch durch die Belastung außer acht läßt, fördert Sport über das Erleben des eigenen Körpers – sei es, daß die Pfunde als Ballast erfahren werden – die Körperwahrnehmung. Dies kann der Schlüssel zu einer bewußteren und aktiveren Lebenseinstellung sein und zu einem kontrollierteren Eßverhalten führen.

Für die Mehrzahl der Freizeitsportler gilt also immer noch: Abnehmen allein durch Sport ist schwerlich möglich. Man muß auch schon die Nahrungszufuhr drosseln. Erst wenn man z. B. täglich eine Stunde läuft, braucht man sich über die Kalorienzufuhr weniger Gedanken zu machen. Aber wer läuft schon jeden Tag eine Stunde?

Siehe auch: Radfahren; Schwimmen; Wogging

500g
450g
400g
350g
300g
250g
200g
150g

Antihypertensive Medikation und Sport

Der Hypertoniker, der sich körperlich belastet, sollte auch während des Sports vor überschießenden Blutdruckanstiegen geschützt sein. Bei der medikamentösen Therapie sportlich aktiver Hypertoniker sollte man sich daher versichern, ob die Medikation auch unter körperlicher Belastung suffizient ist. Dies geschieht am zweckmäßigsten durch eine Untersuchung auf dem Fahrradergometer, denn nicht alle Antihypertensiva sind unter Belastung gleich wirksam. So beeinflussen Diuretika in der Regel nur den Ruheblutdruck. Substanzen wie Betablocker, Calciumantagonisten oder ACE-Hemmer sind hingegen auch unter Belastung wirksam, unterscheiden sich jedoch häufig im Ausmaß der Blutdrucksenkung.

Die effektivste Senkung des Blutdrucks unter Belastung ist im allgemeinen durch Betablocker zu erreichen. Durch den Einsatz dieser Substanzen ergeben sich aber neben den allgemeinen Kontraindikationen beim Sport andere Probleme. Ein Betablocker greift in den Energiestoffwechsel ein, indem er die Lipolyse und die Glykolyse hemmt. Hobbysportler mit nur geringem Trainingsumfang erfahren hierdurch in der Regel keine Beeinträchtigung. Sportler, die ein umfangreicheres Training durchführen (etwa 2- bis 3mal pro Woche 20 bis 30 Minuten laufen), klagen jedoch häufig über Muskelschmerzen oder über das Gefühl, „gegen die Wand" zu laufen. Hier kann man auf andere Substanzen ausweichen, wie etwa auf Calciumantagonisten oder ACE-Hemmer, die nicht mit dem Energiestoffwechsel interferieren. Man sollte sich jedoch stets vergewissern, ob die Blutdrucksenkung bei einer veränderten Medikation auch ausreichend ist.

Siehe auch: Belastungshochdruck

180mm/Hg
140mm/Hg
Dilo

Badminton

Badminton ist eins der schnellsten Rückschlagspiele. Schläge über Kopfhöhe – häufig aus dem Rückwärtslauf und dem Sprung – im Wechsel mit Schlägen vor dem Körper und aus dem tiefen Ausfallschritt sind die Charakteristika dieses Spiels. Schnellkräftige und reaktionsschnelle Bewegungen sind also die Hauptkennzeichen des Badmintonspiels. Ein Vorteil des Badmintonspiels, nämlich, daß auch schon bei relativ geringem spieltechnischen Niveau ein flottes Spiel zustande kommt, ist für den Hypertoniker als nachteilig zu betrachten. Die schnellkräftigen, den Kreislauf stressenden Bewegungen erfolgen in hoher Frequenz und nehmen mit verbessertem Spielniveau ständig an Intensität zu. Zudem sind die Spielunterbrechungen, da der Ball nicht weit wegfliegen kann, relativ kurz. Die Beanspruchung für den Bewegungsapparat und das Herz-Kreislauf-System, vor allem die Blutdruckbelastung, sind also bei diesem Sportspiel besonders hoch.

Einem Hypertoniker sollte man daher vom Badmintonspiel abraten. In der breitensportlichen Variante des Badmintonspiels, dem Federballspiel, steht mehr das Miteinander als das Gegeneinander im Vordergrund. In dieser Form ist das Spiel mehr unter die Freizeitspiele zu subsummieren, was sich schon darin ausdrückt, daß es zumeist ohne Netz und Spielfeldbegrenzung durchgeführt wird. Gegen diese Variante ist hingegen nichts einzuwenden.

Siehe auch: Rückschlagspiele; Spiele; Spielsportarten; Squash; Tennis

Belastungsumfang

„Es ist eine Frage der Dosis, ob eine Substanz Heilmittel oder Gift ist.“ Dieser Satz von Paracelsus gilt natürlich auch für den Sport mit Hypertonikern.

Selbst wenn die Intensität stimmt, d. h. im submaximalen Bereich liegt, bedeutet nicht jedes Mehr an Umfang zwangsläufig auch ein Mehr an Effekt. Der Satz „Viel hilft viel.“ weist in eine falsche Richtung. Denn der Körper braucht seine Zeit, um sich wieder zu regenerieren. Jede körperliche Belastung führt zu einer Strukturbelastung. Vereinfacht ausgedrückt heißt das: es gehen Zellen kaputt, die wieder aufgebaut werden müssen. Die anabole/aufbauende Kapazität ist jedoch begrenzt, und zwar um so mehr, je weniger der Organismus derartige Belastungen gewohnt ist, also je geringer der Trainingszustand ist. Ein Zuviel an Belastungen, die nicht kompensiert werden können, führt zu einer Sympathikotonie und damit genau zum Gegenteil dessen, was durch den Sport erreicht werden soll. Statt verbesserter Leistungsfähigkeit und vegetativer Dämpfung stellt sich häufig Abgeschlagenheit, Unlust und Reizbarkeit oder sogar Leistungsminderung ein: im Organismus überwiegt der Katabolismus/Abbau. Ein solches als „Übertraining“ zu bezeichnendes Syndrom ist also kein Privileg der Hochleistungssportler, sondern im Breitensport sogar häufiger.

Geben Sie Ihrem Körper die Chance, eine Belastung „wegzustecken“. Richten Sie sich sowohl in der Belastungsintensität als auch vor allem im Belastungsumfang nach dem individuellen Leistungsniveau.

**Siehe auch: Belastungsintensität;
Streßabbau aktiv; Entspannungstechniken**

DIPO
RUNDE
562
KLACK

Belastungshochdruck

Patienten, die in Ruhe normal bis grenzwertig hohe Blutdruckwerte aufweisen und deren Blutdruck z. B. bei Fahrradergometerbelastung steil ansteigt, bezeichnet man als Belastungshypertoniker. Normwerte, die eine Unterscheidung zwischen normalem Blutdruckanstieg und hypertonem Anstieg bei Belastung gestatten, liegen in der Literatur vor. Hier sei nur auf die Vorschläge von Heck et al. (1984) und Franz (1982) verwiesen.

Welche Konsequenzen ein überschießender Blutdruckanstieg für den Sport hat, und ob überhaupt eine Medikation bzw. welche Medikation angezeigt ist, läßt sich nicht leicht beantworten.

So rechtfertigt ein leicht überschießender Blutdruckanstieg (ohne Organkomplikationen) weder eine aggressive medikamentöse Therapie noch restriktive Verbote beim Sport.

Dem jungen Patienten, der eine Sportart erst aufnehmen will, sollte man jedoch von kraft- und schnellkraftbetonten Sportarten abraten. Sportarten mit großen Ausdauerkomponenten sind hingegen empfehlenswert. Beim älteren belastungspositiv reagierenden Hypertoniker ist hingegen eine intensive Beratung und eine langfristige Beobachtung angezeigt. Dies nicht zuletzt auch deswegen, weil sich bei einem nicht unerheblichen Prozentsatz älterer Patienten jenseits des 40. bis 45. Lebensjahres in wenigen Jahren ein Belastungshochdruck in einen manifesten Hochdruck verwandeln kann.

Siehe auch: Antihypertensive Medikation und Sport; Blutdrucksenkung durch Sport

BLUTDRUCK

Belastungsintensität

„Das Was bedenke, mehr bedenke das Wie“, meinte schon Goethe in Faust II. Dieser Satz gilt auch für die Eignung von Sportarten für den Hypertoniker. Entscheidend für die Ablehnung oder die Befürwortung einer bestimmten Sportart sind nicht die Belastungsstrukturen allein, sondern die Art und Weise, wie diese in die Praxis umgesetzt werden. So ist z. B. ruhiges Wanderrudern, eine gute Technik natürlich vorausgesetzt, auch für Hypertoniker durchaus vertretbar. Abzulehnen ist das Rudern hingegen dann, wenn der Wettkampf mit hoher Intensität und großem Krafteinsatz im Vordergrund steht.

Auch angeblich gesunde Sportarten, wie z. B. das Laufen, büßen ihre hohe Wertigkeit für den Hypertoniker ein, wenn sie mit hoher oder gar maximaler Intensität durchgeführt werden. Man sollte Abschied nehmen von der Einstellung, die sich in Schlagworten wie „wenn schon, denn schon“ widerspiegelt, und masochistischen Tendenzen entsagen, die sich in der Vorstellung äußern, Training müsse jedesmal richtig weh tun, wenn es effektiv sein soll.

Beim Gesundheitssport für Hypertoniker bedeutet ein Weniger an Intensität ein Mehr an gesundheitlichem Wert.

Siehe auch: Sportarten für Hypertoniker, geeignete/ungeeignete; Rudern; Laufen, Fitneßstudio

ZZZZ

Bergwandern · Bergsteigen

Bergwandern und Bergsteigen ist mehr als Spazierengehen oder Wandern in der Höhe. Die Höhe steigert durch den geringeren Sauerstoffparzialdruck die Intensität. Zudem sind die Höhenunterschiede, die es zu bewältigen gilt, deutlich größer als etwa beim Wandern in der Ebene oder im Mittelgebirge.

Bergwanderungen wollen geplant sein und bedürfen gewisser körperlicher Voraussetzungen. Dabei ist nicht nur an die Ausdauer zu denken, sondern auch an die Kraft der Beine. Nicht nur das Bergaufsteigen oder gar Klettern erfordert Kraft, sondern auch die exzentrische Belastung beim Bergablaufen bzw. Bergabsteigen. Bei ungünstiger Kraft/Gewichtsrelation, also besonders bei Übergewicht, sind die Blutdruckreaktionen sowohl beim Aufsteigen wie beim Abstieg bedenkenswert. Wenn aus dem Bergsteigen zum Teil auch Klettern wird, ist die Grenze des Vertretbaren für den Hypertoniker überschritten.

Für einen medikamentös gut eingestellten Hypertoniker ist jedoch Bergwandern und im begrenzten Maß auch Bergsteigen vertretbar, wenn die Tour auf die individuellen Voraussetzungen des einzelnen abgestimmt ist.

Siehe auch: Höhenaufenthalt; Wandern; Ski alpin

Blutdrucksenkung durch Sport

Ausdauersport ist unter Umständen geeignet, den Blutdruck zu senken. Die Mechanismen, die dies bewirken können, sind:

- vegetative Umstellung (Dämpfung des Sympathikus)
- Salz- und Flüssigkeitsverlust
- Gewichtsreduktion.

Die Dosis Sport, mit der leichte vegetative Umstellungen erreicht werden können, ist nicht so sehr hoch. Oft reichen schon 2- bis 3mal 15 – 20 min. pro Woche. Dauerhafte Dämpfung des Sympathikus und vor allem Gewichtsreduktion erfordern größere Umfänge. 3 x 30 – 40 min. pro Woche können als erstrebenswert angesehen werden. Wichtig für das Verständnis von Sport als Therapie ist: Sport sollte nicht als Stoßtherapie verordnet werden, sondern als niedrig dosierte Dauertherapie.

Ob dem Ausdauersport eine eigene Dimension bei der Blutdrucksenkung zukommt, oder ob die in der Hauptsache hiermit verbundene Gewichtsreduktion dafür verantwortlich gemacht werden muß, bedarf trotz einiger positiver Hinweise einer endgültigen Klärung.

Gute Erfolge mit Ausdauersport zeigen sich auf jeden Fall bei einem labilen Hypertonus. Ein fixierter Hochdruck hingegen reagiert auf Sport nur unwesentlich. Trotzdem sollte man auch für diesen Personenkreis den Sport propagieren. Denn neben den genannten Faktoren kann durch gezielten Sport das Körperbewußtsein geweckt und gestärkt werden. Erfahrungsgemäß fällt es dann dem sporttreibenden Hypertoniker leichter, das eigene Risikoverhalten zu verändern. Der Sport kann somit einen wesentlichen Beitrag zur Verbesserung der Patienten-Compliance leisten.

**Siehe auch: Abnehmen durch Sport;
Streßabbau aktiv; Entspannungstechniken; Kneipp**

SALZ
FLÜSSIGKEIT
Kg
Gewicht
DIRO
BLUTDRUCK

Blutdrucksteigerung durch Sport

Jede sportliche Belastung führt zu Blutdruckanstiegen. Kraftsportarten, Kampfsportarten und Spielsportarten zeichnen sich dabei durch plötzliche besonders hohe Druckanstiege aus. Es gibt jedoch keinen Hinweis darauf, daß sich bei längerfristigem Training einer solchen „Streßsportart" eine hypertone Reaktionslage entwickelt. Auch langjährig trainierte Bodybuilder haben keinesfalls zwangsläufig einen hohen Blutdruck. Bei hypotoner Ausgangslage gibt es jedoch Hinweise darauf, daß stabilisierende Effekte von „Streßsportarten" ausgehen können.

Ganz im Vordergrund sollte daher ein „Training" der Bluthochdruckregulation stehen. Es scheint wichtiger zu sein überhaupt körperlich aktiv zu sein, als das was man tut. Bei vorher nicht sportlichen Hypotonikerinnen konnten sowohl beim Ausdauertraining als auch beim Krafttraining bludruckstabilisierende Effekte registriert werden.

Die vegetative Dämpfung eines Ausdauertrainings scheint sich erst bei intensiver Duchführung bei Hypotonikerinnen negativ bemerkbar zu machen.

Bei hypotoner Reaktionslage sollten alle Sportarten bevorzugt werden die Intervallcharakter haben oder sich durch thermische Reize auszeichnen.

Der Hypotoniker darf im Prinzip alles das, wovon man einem Hypertoniker abrät.

Siehe auch: Spielsportarten; Kampfsportarten; Schwimmen; Sauna; Kneipp

---

Bodybuilding

„Man zeigt wieder Muskeln.“ Breite Schultern und einen schönen Bizeps zu haben, ist gesellschaftsfähig geworden und nicht nur eine Marotte weniger Spinner. Die große Zahl der Fitneßstudios, die sich einer ungebrochenen Beliebtheit erfreuen, belegt dies ebenso wie Tendenzen der Mode, wo den nicht ausreichend breiten Schultern kräftig durch Schulterpolster nachgeholfen wird.

Ein Training, das immer auf ein extremes Muskelwachstum ausgerichtet ist, bedeutet immer auch ein Maximalkrafttraining. Serien mit 90, 95 oder einzelne Versuche mit 100 Prozent der Maximalkraft sind nicht ohne exzessive Blutdruckanstiege und massives Pressen zu leisten. Bei Bodybuildern sind bei der Beinpresse in einer Serie mit 95 Prozent der Maximalkraft systolische Blutdruckspitzenwerte von über 400 mmHg und diastolische Blutdruckspitzenwerte bis zu 350 mmHg in der Arterie direkt gemessen worden.

Um solche Drucke zu erzeugen, bedarf es einer extrem hohen Kraft, die der normale Freizeit-Bodybuilder wohl nicht erreichen wird. Jedoch sind Drucke von über 300 mmHg systolisch und 250 mmHg diastolisch auch für Normalpersonen durchaus realistisch.

Während junge gesunde Gefäße dies offenkundig ohne Schaden tolerieren können, sollte man dem Hypertoniker auch ohne erkennbare Organschäden von derartigen Belastungen abraten.

Siehe auch: Kraftbeanspruchungen statisch; Kraftbeanspruchungen dynamisch; Pressen; Fitneßstudio; Fitneßtraining

Eislaufen

Eislaufen, d. h. Kunstlaufen mit Sprüngen und Pirouetten, ist eine hochintensive Kreislaufbelastung, deren schnellkräftige Komponenten nicht für Hypertoniker zu empfehlen wären. Aufgrund seiner Belastungsstruktur ist das Eislaufen als Wettkampfsportart ganz ausschließlich eine Sportart des früheren Lebensalters. Das Problem Hypertonie wird sich also nicht so häufig stellen. Jugendliche Hypertoniker, die am Eislauf hängen, sollten mehr auf den weniger mit Schnellkraftelementen durchsetzten Eistanz aufmerksam gemacht werden.

Eislaufen zum Vergnügen als Freizeit- oder Urlaubssportart ist in seiner Belastungsstruktur auch für Hypertoniker unbedenklich. Ein gewisses Quantum an Koordinationsfähigkeit sollte jedoch vorausgesetzt werden. Totale Anfänger auf dem Eis sind so verkrampft, so daß das Eislaufen zum Kraftakt wird mit unkontrollierbaren Belastungen für das Herz/Kreislaufsystem und den Bewegungsapparat.

Je besser die Koordinationsfähigkeit und die spezifische motorische Vorerfahrung in dieser Sportart, um so geringer die Anstrengung.

Mündet das Eislaufen auch im Freizeitsport in Eishockey, so muß die positive Einschätzung wieder zurückgenommen werden. Eishockey ist als Mannschaftssportart mit hoher Intensität sicher für einen Hypertoniker nicht die geeignete Sportart.

Siehe auch: Höhenaufenthalt; Eisstockschießen; Spielsportarten

Eisstockschießen

Das Eisstockschießen als Sportart oder häufiger als Urlaubsspaß ist, im vernünftigen Rahmen durchgeführt, sowohl für Herz-Kreislaufpatienten als auch für Hypertoniker geeignet.

Zwar handelt es sich bei der Abschußbewegung des Eisstockes um eine azyklische Bewegung mit einem gewissen Quantum an Kraft, wenn jedoch in einem koordinierten Bewegungsablauf der Schwung des Eisstockes ausgenutzt wird, ist die Kraftkomponente gering zu halten. Bei einer derartigen Durchführung ist Eisstockschießen auch für Herz-Kreislauf-Vorgeschädigte zu vertreten.

Gefahren und Risiken drohen nur dann, wenn unkontrolliert mit schlechter Koordination versucht wird, durch Kraft den Stock auf die Reise zu schicken. Hier droht ein Ausrutschen auf dem Eis mit unkontrollierten Bewegungen und Gefahren für Herz/Kreislauf und dem gesamten Bewegungsapparat.
Vorsicht ist auch geboten, wenn dem „Zielwasser“, etwa in Form von Glühwein, ausgiebig zugesprochen wird. Der vermeintliche Gewinn an Treffsicherheit ist eher ein Verlust an Kontrolle. Dadurch werden Belastungen provoziert, die vor allem für den einen oder anderen älteren Hypertoniker bedenklich werden können.

Siehe auch: Höhenaufenthalt; Eislaufen

Entspannungstechniken

Abschalten, vor allem bei besonders großem Streß, ist leichter gesagt als getan. Dabei reicht es häufig nicht, sich zurückzuziehen. Denn wir haben es weitgehend verlernt, Muße zu empfinden; auch der Freizeitbereich ist häufig von Hektik und Fremdbestimmung geprägt. Zum Glück gibt es Techniken, mit denen man hervorragend Selbstregulation betreiben kann. Man kann den Betriebsdruck (Blutdruck) z. B. nicht nur dadurch senken, daß man „Dampf abläßt", sondern auch dadurch, daß man „das Feuer unter dem Kessel drosselt".

Rein konzentrative Techniken wie das autogene Training – hier wird die Entspannung durch Konzentration auf bestimmte Körperreaktionen in Verbindung mit autosuggestiven Formeln angestrebt – oder mehr aktive Techniken wie etwa die progressive Muskelrelaxation (nach Jacobson) – bei dieser Technik wird die Entspannung über das bewußte Erleben des Gegensatzes von Spannung und Lösung einzelner Muskelgruppen erfahren – sind auch für Hypertoniker gute Möglichkeiten der Selbstregulation. Um sie in Streßsituationen erfolgreich einsetzen zu können, muß man sie zuvor gut üben. Je besser man sie beherrscht, um so größer ist sicherlich auch der Nutzen.

Siehe auch: Kneippsche Anwendung; Streßabbau aktiv

ZZZZ

Erlebnissportarten

Sportarten wie Drachenfliegen, Paraglyding, Fallschirmspringen o. ä. haben eine hohe Erlebniskomponente, die physische Beanspruchung ist im allgemeinen nicht sonderlich hoch.

Bedenkenswert bei diesen Sportarten sind die hohen psychischen Anspannungen, die den Blutdruck nicht unerheblich hochjagen können. Kritische Situationen sind oft nicht im vorhinein kalkulierbar. Dies gilt besonders für Anfänger in diesen Sportarten. Der Könner wird aufgrund seiner Erfahrungen in der Lage sein, das Risiko zu begrenzen. Hypertoniker, die also diese Sportarten gut beherrschen, können unter Umständen ihre Sportart weiter ausüben. Hypertonikern, die mit derartigen Sportarten beginnen möchten, sollte man eher abraten. Dies gilt auch bei medikamentös gut eingestelltem Bluthochdruck. Die Wirkung von Antihypertensiva unter emotionaler Streßbelastung ist bei vielen Medikamenten deutlich geringer, als die Bludrucksenkung unter physischer Belastung.

Der Hypertoniker sollte auch die Belastung im Umfeld dieser Sportarten mit einkalkulieren. Das Transportieren etwa eines Flugdrachens ist häufig mit bedenkenswerten Kraftanstrengungen verbunden. Derartige Belastungen lassen sich jedoch durch die Hilfe eines Partners relativ leicht auf ein vertretbares Maß reduzieren.

Siehe auch: Höhenaufenthalt; Tauchen

Fitneßstudio

Die Vorstellung, einem Hypertoniker den Besuch eines Fitneßstudios zu gestatten, ist durchaus zwiespältig. Denn beim Gedanken, der Hypertoniker würde dort in Richtung Bodybuilding mit maximalen Belastungen arbeiten, würde man ihm sicherlich strikt abraten. Denkt man hingegen an ein wohl dosiertes Muskelaufbautraining mit mittleren Intensitäten, etwa um 60 Prozent der Maximalkraft, so ist angesichts des meist schlechten muskulären Status vieler Patienten einem solchen Training durchaus Positives abzugewinnen.

Ein leichtes muskuläres Aufbautraining mit submaximalen Intensitäten ist aufgrund der hierbei entstehenden moderaten Blutdruckreaktion durchaus vertretbar, vorausgesetzt, daß Preßaktionen vermieden werden. Bei entsprechender Durchführung und Überwachung könnte ein solches Training durchaus auch an den Geräten eines Fitneßstudios durchgeführt werden.

Ein Problem dürfte hingegen die Anleitung in den Fitneßstudios sein. Da man von einem Patienten nicht das Wissen um Art und Umfang des Trainings erwarten kann, ist man auf die Anleitung und Ratschläge des dortigen Trainers quasi angewiesen. Da in vielen Studios die Beratung sich in der Einweisung an den Geräten erschöpft und die Programme sich zumeist an der Trainingslehre für Gesunde orientieren, wird es für den Hypertoniker problematisch. In den meisten Fitneßstudios wird man wohl kaum einen Trainer mit physiologischen Kenntnissen und speziellen Erfahrungen mit Herz-Kreislauf-Patienten vorfinden. Wenn einem hypertonen Patienten der Besuch eines Fitneßstudios erlaubt wird, sollte dieser daher gut vorinformiert sein, um bei fehlender Anleitung trotzdem ein gezieltes, auf die individuellen Möglichkeiten abgestimmtes Training durchführen zu können.

Siehe auch: Bodybuilding; Fitneßtraining; Krafttraining dynamisch; Krafttraining im Alter.

Fit + Fun
Studio
DIRO

Fitneßtraining

Fitneßtraining ist mehr als Arbeit an Kraftmaschinen. Fitneßtraining ist die harmonische Ausbildung vieler Teilkomponenten der motorischen Leistungsfähigkeit auf Ausdauer, Flexibilität, Kraft.

Ein Fitneßtraining kann sowohl in einem Fitneßstudio als auch völlig allein ohne Hilfsmittel wie Kraftmaschinen oder anderen Geräten durchgeführt werden. Wichtig ist, daß viele Teilkomponenten der motorischen Leistungsfähigkeit angesprochen werden und nicht nur auf eine Teilkomponente, etwa die Kraft, abgezielt wird.

Für die Belastungsintensität gilt der Satz, daß weniger häufig mehr ist. Das bedeutet, nicht die maximale Leistungsfähigkeit in einer Beanspruchungsform wird gefordert, sonderen eine Intensität, die gerade ausreicht, System zur Anpassung auf ein höheres Niveau zu reizen.

Es ist selbstverständlich, daß die Dosierung nur unter Berücksichtigung der individuellen Voraussetzungen erfolgen kann. Unter derartigen Prämissen kann auch ein Hypertoniker ein individuell dosiertes Fitneßtraining durchführen.

Da die Schwelle vom Vernünftigen zum Unvernünftigen nicht leicht zu entdecken ist, sollte sich der Hypertoniker vorher gut informieren oder kritisch darauf achten, daß die Anleitungen fachlich kompetent, unter der Berücksichtigung seines Bluthochdruckes, erfolgt.

Ein umfassendes Fitneßtraining legt nicht nur Wert auf die Seite der Belastungen, sondern berücksichtigt auch die Regeneration. Auch die muß und sollte mit eingeplant werden.

Zum Schluß sei darauf hingewiesen, daß Fitneß nicht nur körperliche Reizsetzungen beinhalten sollte, sondern auch geistige. Nur wenn zwischen Geist und Körper eine Harmonie besteht, ist man wirklich fit.

Siehe auch: Belastungsintensität; Fitneßstudio; Krafttraining; Preßdruck

TRIMMPFAD
PIEP
PIEP
PIEP
PIEP

Fußball

Kurze Antritte, Sprints und viele azyklische Bewegungen wie Torschuß, Kopfball usw. sind die Charakteristika des Fußballspiels. Alle diese Belastungen sind für den Hypertoniker weniger geeignet, da sie kurze Maximalbeanspruchungen des Kreislaufs mit entsprechenden Spitzen im Blutdruckanstieg bedingen (ganz abgesehen von den orthopädischen Belastungen für den Bewegungsapparat vor allem an der unteren Extremität).

Hinzu kommt, daß beim Fußballspielen, wie bei den anderen Mannschaftsspielen, die Emotionen häufig hochschlagen und übertriebener Ehrgeiz und manchmal sogar Aggressivität an den Tag gelegt werden. Alles dies sind Faktoren, die es nahelegen, Fußball für Hypertoniker kritisch zu betrachten.

Besonders problematisch wird das Fußballspiel dann, wenn es nur gelegentlich, wie es bei vielen „Thekenmannschaften“ der Fall ist, gespielt wird. Hier wird der Organismus jedes Mal meist völlig unvorbereitet maximal belastet.

Wird begleitend zum Fußballspiel ein Konditionstraining, insbesondere ein gezieltes Lauftraining betrieben, so kann man die sehr kritische Beurteilung dieser Sportart etwas zurücknehmen.

Siehe auch: Spiele; Spielsportarten

Golf

Theoretisch betrachtet sind beim Golf nur der Abschlag oder vergleichbare andere weite Schläge problematisch. Diese Schläge sind deswegen bedenkenswert, weil sie ein gewisses Maß an Schnelligkeit erfordern und somit den Blutdruck ansteigen lassen. Bei guter Technik scheint das Ausmaß der Blutdrucksteigerung jedoch auch für einen Hypertoniker kalkulierbar. Dies hat auch dann noch weitgehend seine Gültigkeit, wenn man bedenkt, daß der Golfsport in der Regel von höheren Altersklassen betrieben wird. Bei diesen muß man davon ausgehen, daß ein erhöhter Prozentsatz Herz-Kreislauf vorgeschädigt sein kann. Schläge über kürzere Distanzen oder das Patten sind von der Beanspruchung des Blutdrucks her unbedenklich.

Als positiv sind beim Golfspielen die zu bewältigenden Gehstrecken zu bewerten. Auch wenn sie von der Belastungsintensität und vom Belastungsumfang her unterhalb der Reizschwelle für ein allgemeines Ausdauertraining liegen, so ist ihnen zumindest ein positiver Effekt auf die lokale Muskelausdauer zuzuschreiben. Zudem fördert der Aufenthalt in der Natur, wenn der Wettkampfgedanke nicht allzusehr im Vordergrund steht, die psychische Entspannung.

Siehe auch: Spielsportarten; Spiele/Freizeitspiele

5

Gymnastik

Gymnastik macht auf den ersten Blick einen für Hypertoniker unbedenklichen Eindruck. Macht man sich jedoch klar, daß eine fitneßorientierte Gymnastik aus Elementen wie Lockerung, Beweglichmachung, Dehnung und Kräftigung besteht, so gibt es besonders für den Hypertoniker einiges zu beachten. Die für die Kräftigung erforderlichen Kraftbeanspruchungen sind für Hypertoniker differenziert zu betrachten (siehe Kraftbeanspruchungen). Aber auch bei den anderen Elementen steckt der Teufel im Detail. So verleiten großräumige aktive Dehnbewegungen unter Beteiligung großer Muskelgruppen durch den Krafteinsatz der Antagonisten fast immer zu massiven Preßaktionen mit der dabei zwangsläufigen hämodynamischen „Berg- und Talfahrt" (siehe Pressen) des Blutdrucks. Etwa das gleiche gilt auch für koordinative Beanspruchungen, die das motorische Repertoire eines Hypertonikers überfordern.

Diese Einwände sollten jedoch nicht dazu führen, dem Hypertoniker von der Gymnastik abzuraten oder sie sogar zu verbieten, sondern lediglich dazu, ihn auf die in der Gymnastik gegebenen Probleme aufmerksam zu machen. Als Orientierung für das richtige Belastungsmaß bei der Gymnastik kann die freie Atmung gelten. Ist dies der Fall, befindet sich die Belastung im allgemeinen in einem vertretbaren Bereich.

Die Gymnastik eignet sich für Hypertoniker insbesondere als vorbereitende, begleitende oder nachbereitende Maßnahme unterschiedlicher sportlicher Aktivitäten.

Siehe auch: Fitneßtraining; Kraftbeanspruchung statisch; Preßdruck

899
900
991
992
993
994
995
996
997
998
999
1000
1001

Handball · Basketball

Schnelle Aktionen, Antritte, Dribblings, Sprünge usw., also hochintensive, zyklische und eine Vielzahl von azyklischen Bewegungen mit hoher Beanspruchung im Sinne der Schnellkraft, kennzeichnen diese beiden Sportspiele. Alles Belastungsformen, die für den Hypertoniker als nicht günstig angesehen werden müssen, da sie den Blutdruck drastisch hochschnellen lassen, ganz abgesehen von den Belastungen für den Bewegungsapparat. Bei entsprechenden konditionellen Grundlagen reduziert sich, wie z. B. auch beim Fußball, zwar zum Teil die Höhe der Belastung, jedoch bleibt die Beanspruchung allein durch die hohe Emotionalität weiterhin bestehen. Da man weder Handball noch Basketball mit „halber Kraft“ spielen kann, und es kaum Freizeitvarianten dieser Sportarten gibt, in denen durch Regelmodifikationen die Intensität weggenommen wird, ohne dabei das Spiel zu „amputieren“, sollte man dem Hypertoniker von diesen Sportarten eher abraten.

Siehe auch: Spiele; Spielsportarten; Fußball; Volleyball

Höhenaufenthalt und Aktivität

Die Vorstellung, daß in den Bergen auch der Blutdruck in die Höhe geht, trifft nicht zu. In der Höhe kommt es in der Regel eher zu einem leichten Blutdruckabfall.

Bei Belastung muß berücksichtigt werden, daß die Leistungsfähigkeit geringer ist wegen des geringeren Sauerstoffpartialdrucks. Dies gilt nicht nur für Höhen oberhalb von 2.200 m, wo die Sauerstoffsättigung nicht mehr voll gewährleistet ist. Auch bei geringen Höhen sind Leistungsausbußen schon deutlich merkbar, besonders natürlich bei eingeschränkter Koronarfunktion.

Der objektiv meßbaren Leistungseinbuße steht häufig das Gefühl besonderer Leistungsfähigkeit gegenüber. Ein euphorischer Zustand vor allem in den ersten Tagen, wahrscheinlich verursacht durch die Hyperventilation, bedingt die Gefahr der Überforderung. Das Problem ist nicht die Belastung an sich, sondern die zu hohe Belastungsintensität, für die das Gefühl verlorengeht.

Nach drei Tagen Akklimatisation kehrt das Belastungsempfinden wieder zurück, ohne jedoch die Verläßlichkeit wie im Flachland zu erreichen.

Bei forcierter Atmung während körperlicher Belastung geht in der Höhe aufgrund des geringen Wasserdampfdrucks auch eine erhebliche Menge an Flüssigkeit verloren. Bedenken Sie jedoch, Obstler oder andere Alkoholika sind nicht der ideale Flüssigkeitsersatz. Mineralwässer und Fruchtsäfte sind hier besser geeignet.

Siehe auch: Bergwandern; Ski Alpin; Skilanglauf

Kampfsportarten

Die klassischen Kampfsportarten Boxen, Ringen und Fechten, aber auch die fernöstlichen Kampftechniken wie Judo, Karate, Taekwondo usw. sind charakterisiert durch kurze schnellkräftige Aktionen und zum Teil erhebliche statische Kraftbeanspruchungen. Bewegungsapparat und Herz-Kreislaufsystem werden kurzfristig maximal beansprucht, was wiederum von steilen und abrupten Blutdruckanstiegen bis in hohe Dimensionen begleitet wird.

Während ein elastisches junges Gefäßsystem dies offenkundig ohne Schaden tolerieren kann, sollte man bei einem durch Hochdruckkrankheit mehr oder minder alterierten Gefäßsystem grundsätzlich Vorsicht walten lassen. Dies gilt insbesondere vor dem Hintergrund, daß die Blutdruckreaktion des Hypertonikers bei diesen Aktionen um den Betrag des Hypertonus parallel nach oben verschoben ist.

Ein zusätzlicher Faktor, der die Kampfsportarten als ungeeignet für Hypertoniker erscheinen läßt, ist die emotionale Streßsituation. Aus dem Wettkampfpartner wird allzuoft ein Gegner, gegen den man sogar Aggressionen verspürt. Die psychische Situation pfropft sich somit auf die physische Situation auf. Vor allem, wenn Persönlichkeitsmerkmale auf psychische Auffälligkeiten deuten, sollte von Kampfsportarten abgeraten werden.

Siehe auch: Sportarten für Hypertoniker, geeignete/ungeeignete

Kegeln · Bowling

Die Statistik der Sportbünde weist Kegeln als eine Sportart mit sehr häufigen Todesfällen aus. Der Gedanke, daß die ruckartigen Wurfbewegungen, verbunden mit Preßatmung, hier ein auslösendes Moment für die Komplikationen sind, drängt sich auf, ist jedoch sicherlich übertrieben.

Es ist nicht so sehr die Belastungsstruktur der Sportart selbst, sondern der Personenkreis, der diese Sportart betreibt und die Umstände, unter denen diese abläuft, die die Gefahrenmomente darstellen.

Freizeitkegler sind überwiegend ältere Personen und damit ein Personenkreis mit erhöhtem kardialen Risiko. Nur bei der vergleichbar kleinen Zahl der Sportkegler finden sich jüngere Altersklassen. Gekegelt wird häufig zu unphysiologischen Zeitpunkten, meistens in den Abendstunden. Zur Kegeltradition gehört fast unausweichlich Alkoholkonsum und Essen, nicht selten wird zusätzlich noch geraucht. Alle Faktoren addieren sich zu einer erhöhten Risikokonstellation, die die häufige Zahl der Zwischenfälle zu erklären vermag.

Für den Hypertoniker, der beim Kegeln und Bowling zusätzliche Risikofaktoren meidet, sind diese Sportarten durchaus von der Belastungsstruktur vertretbar. Blutdruckstabilisierende Effekte dürfen jedoch von diesen Sportarten nicht erwartet werden.

Siehe auch: Spiele / Freizeitspiele

Kneippsche Anwendung

Die 5 Kneippschen Wirkprinzipien (Vollwerternährung, Wasser- und Heilkräuter-Anwendungen, Bewegung und Entspannung) sind für Hypertoniker in normalem Rahmen unbedenklich. Die stabilisierenden Effekte auf das Vegetativum können sich positiv auf den Blutdruck auswirken. Gleiches gilt für die Vollwerternährung, Bewegung und Entspannung. In ihrer Auffassung von Bewegung kommt die Kneippsche Lehre den Vorstellungen von Ausdauertraining recht nahe.

Blutdruckbelastende Effekte können allenfalls von den Wasseranwendungen erwartet werden. Sofern die Temperaturwechsel nicht zu extrem sind und die Abkühlung nicht schockartig, sondern progressiv vorgenommen wird, sind auch die Blutdruckreaktionen durchaus im vertretbaren Rahmen.

Man sollte sich davor hüten, die Kneippschen Anwendungen nur auf die Wasseranwendungen zu reduzieren. Die oben erwähnten 5 Wirkprinzipien enthalten viele Elemente, die sich bei den Allgemeinmaßnahmen der Hochdrucktherapie wiederfinden. Der Hypertoniker, der im Kneippschen Sinne sein Verhalten verändert, tut sicherlich viel, was sich positiv auf seinen Blutdruck auswirken kann.

Siehe auch: Abnehmen durch Sport; Entspannungstechniken; Sauna

KALT
HEISS
HEISS
KALT

Kraftbeanspruchung dynamisch

Der Blutdruck steigt bei dynamischer Arbeit linear zur Belastungsintensität an. Der Mechanismus ist dabei folgender: Um den erhöhten Sauerstoffbedarf bei dynamischer Belastung zu decken, kommt es proportional zum Ansteigen der Belastungsintensität zu einem linearen Anstieg des Herzzeitvolumens. Obwohl der periphere Widerstand gesenkt wird, führt die verstärkte Auswurfleistung des Herzens insgesamt zu einem Anstieg des systolischen Blutdrucks. Die Höhe des Blutdruckanstiegs ist dabei in der Hauptsache von der Belastungsintensität, in zweiter Linie von der Größe der eingesetzten Muskulatur und letztendlich von der Höhe der Kraftkomponente abhängig.

Der diastolische Blutdruck zeigt bei dynamischen Kraftbeanspruchungen hingegen ein unterschiedliches Reaktionsmuster. Ist die Kraftkomponente einer dynamischen Belastung gering (wie z. B. beim Laufen), so bleibt der diastolische Druck unverändert. Ist die Kraftkomponente hoch (wie z. B. beim Wettkampfrudern), so steigt auch der diastolische Blutdruck.

Der arterielle Mitteldruck, der den Sauerstoffbedarf des Herzens am geeignetsten charakterisiert, bleibt bei dynamischer Arbeit mit geringem Kraftaufwand weitgehend unverändert. Je größer der Kraftaufwand, um so stärker steigt der arterielle Mitteldruck und damit die Herzbelastung an.

Das Kreislaufsystem eines Hypertonikers reagiert bei dynamischer Kraftbeanspruchung ebenso wie das eines Normotonikers – mit dem Unterschied, daß sich die Blutdruckreaktion entsprechend dem Ausmaß des Hypertonus parallel nach oben verschiebt.

Die Eignung dynamischer Beanspruchung für den Hypertoniker und Herzpatienten ist also abhängig von der Größe des Kraftanteils einer Bewegung und/oder von der Belastungsintensität.

Siehe auch: Belastungsintensität; Fitneßstudio; Fitneßtraining; Sportarten für Hypertoniker, geeignete/ungeeignete

---

...unn' noch ammohl...
...Proscht, Pfroscht, Proschitt, szum Fohl, Luhja, sog J - Luhja, Proscht, Sakra... ..HICK...
WIES'n WIRT
HB
HB
DIRO

Kraftbeanspruchung statisch

Mit steigender statischer Kraftbeanspruchung (Haltearbeit) steigt sowohl der systolische als auch der diastolische Blutdruck an. Dies geschieht über folgenden Mechanismus: Der erhöhte Sauerstoffbedarf der Muskulatur führt zu einem Anstieg des Herzzeitvolumens. Da eine kompensatorische Widerstandsreduzierung in der Peripherie nicht eintritt und zudem noch der Durchfluß durch die angespannte Muskulatur eingeschränkt ist (ab 15 Prozent der Maximalkraft) oder gar verhindert wird (ab ca. 60 bis 70 Prozent der Maximalkraft), steigt der Druck zwangsläufig an.

Bei kurzfristiger statischer Kraftbeanspruchung ist die Höhe des Blutdruckanstiegs, abgesehen von der Belastungsintensität, von der Größe der eingesetzten Muskulatur abhängig.

Bei längerer Haltedauer (über 8 bis 10 Sekunden) kommt es über eine reflektorische Katecholaminausschüttung zu einem weiteren Ansteigen des Drucks. Selbst bei kleinen Muskelgruppen können bei maximaler Kraftbeanspruchung und Haltedauer Druckwerte von 300 mmHg systolisch zu 200 mmHg diastolisch beobachtet werden.

Durch die gleichsinnige Erhöhung des systolischen und des diastolischen Drucks steigt auch der arterielle Mitteldruck und damit der Sauerstoffbedarf des Herzens deutlich an.

Bei Hypertonikern ist das gesamte Reaktionsmuster je nach Schwere des Hypertonus zu höheren Werten hin verschoben. Statische Beanspruchungen mit hoher Intensität sind für den Hypertoniker nicht geeignet.

Siehe auch: Kraftbeanspruchung im Alltag; Krafttraining; Preßdruck

Kraftbeanspruchung im Alltag

Wer das Krafttraining für Hypertoniker verteufelt, übersieht zumeist, welche Kraftakte viele Alltagssituationen darstellen. Gartenarbeit, wie das Graben, das Verpflanzen von Büschen und Sträuchern, das Heben und Transportieren von Wasser- und Bierkästen, das Schneeschaufeln im Winter oder das Anschieben des Autos sind Kraftakte, die häufig maximalen Krafteinsatz erfordern. Wenn man die hämodynamischen Reaktionen von Hypertonikern hierbei betrachtet, so ist es sicherlich auch richtig, vor allem ältere Hypertoniker vor solchen Belastungen zu warnen. Hiervon abzuleiten, daß das Krafttraining für Hypertoniker deswegen gefährlich sei, ist jedoch grundverkehrt. Denn, daß Vorbeugen besser als Heilen ist, gilt auch für den Hypertoniker. Was liegt näher, als den Hypertoniker neben entsprechenden Ratschlägen durch ein gezieltes, allerdings nur leichtes Muskeltraining vor solchen Überlastungen zu schützen. Auch der Hypertoniker sollte einen möglichst guten Muskelstatus anstreben.

Siehe auch: Kraftbeanspruchungen dynamisch; Kraftbeanspruchungen statisch; Krafttraining für Hypertoniker; Preßdruck

5km

Krafttraining – terminologische Abklärung

Da unter Krafttraining häufig nur Maximalkrafttraining mit hohen Gewichten verstanden wird, sei hier eine allgemeine Definition dieses oft falsch verstandenen Begriffs angeführt:

„Krafttraining ist der gezielte Einsatz von Übungen zur Entwicklung der Kraft."

Unter dem Begriff Krafttraining sind somit sowohl Übungen der Krankengymnastik im Krankenbett als auch das Maximalkrafttraining des Schwerathleten zu subsumieren. Der Begriff „Krafttraining" beinhaltet also weder eine qualitative noch quantitative Aussage. Es bedarf also immer einer Spezifizierung der Art, des Umfangs und der Intensität eines solchen Trainings.

Siehe auch: Fitneßtraining

ISOKINETISCHES
PAUSE
MAXIMALKRAFT
KRAFTTRAINING
ISOMETRISCHES

Krafttraining dynamisch

Beim dynamisch überwindenden Krafttraining kommt es zu einer Verkürzung des beanspruchten Muskels und so zu einer Bewegung der Last. Jedes dynamische Krafttraining enthält aber auch eine statische Komponente. Es wird so lange statisch gearbeitet, bis die Muskelspannung ausreicht, das Gewicht zu beschleunigen. Dynamisches Krafttraining mit hohen Gewichten ist, was die Auswirkung auf die Hämodynamik betrifft, dem statischen fast gleichzusetzen. Bei hochintensiven Serien (90 bis 100 Prozent der Maximalkraft) sind systolische Drucke von über 350 mmHg und diastolische von über 250 mmHg keine Seltenheit.

Je geringer die Belastungsintensität, also der prozentuale Anteil der Maximalkraft, um so niedriger ist vor allem der diastolische Blutdruckanstieg. Um die aus gesundheitlicher Sicht entsprechenden Krafttrainingseffekte zu erzielen, sind dynamische Kraftbeanspruchungen von 30 bis 60 Prozent der Maximalkraft, eine entsprechende Wiederholungszeit (10 bis 30 Wiederholungen) vorausgesetzt, durchaus ausreichend und empfehlenswert. Denn die Kreislaufreaktion ist hierbei relativ moderat, und vor allem kann ein solches Training problemlos ohne die hämodynamisch ungünstige Preßatmung durchgeführt werden.

Siehe auch: Kraftbeanspruchung dynamisch, Preßatmung

..121 122 123 124 125 126 127 128 129 130...
WROARRR
DiRO

Krafttraining statisch

Statisches Krafttraining wird gegen einen fixierten Widerstand ausgeübt. Im Muskel entsteht nur Spannung, ohne daß eine Gelenkbewegung resultiert. Statisches Krafttraining ist, rein trainingsphysiologisch gesehen, eine sehr ökonomische Trainingsform. Nur drei bis fünf maximale Kontraktionen täglich über eine Haltezeit von 8 bis 9 Sekunden sind in der Lage, optimale Reize zur Kraftentwicklung zu setzen und für ein Muskelwachstum zu sorgen. Dies ist besonders effektiv für ein relativ niedriges Kraftniveau. Je besser das Kraftniveau, um so höher und häufiger müssen auch die Kraftreize sein, um noch weitere Kraftentwicklung zu gewährleisten.

Der Nachteil des statischen Krafttrainings liegt darin, daß sich die Kraftentwicklung nur um ± 15° um die Winkelstellung nachweisen läßt, in der trainiert wird. Zudem ist auch nicht gewährleistet, daß sich der statisch erworbene Kraftzuwachs in einem dynamischen Bewegungsablauf voll ausnutzen läßt.

Die Blutdruckreaktion beim statischen Krafttraining ist gekennzeichnet durch einen linear zur Belastungsintensität parallelen Anstieg sowohl des systolischen als auch des diastolischen Drucks. Es kommt also zu einem der prozentualen Kraftbeanspruchung entsprechenden Anstieg des arteriellen Mitteldrucks und damit der Herzarbeit. Dies macht diese Trainingsform für Hypertoniker und alle Herz-Kreislauf-Patienten ungeeignet.

Siehe auch: Kraftbeanspruchung statisch, Preßdruck

ZOO

Krafttraining für Hypertoniker

Wird Krafttraining als Maximalkrafttraining verstanden, so ist es für Hypertoniker nicht geeignet, denn die hohen Blutdruckspitzen stellen für diesen Personenkreis ein schlecht kalkulierbares Risiko dar. Da auch der Hypertoniker in seinem Alltagsleben Kraft benötigt, z. B. bei der Gartenarbeit, beim Heben und Tragen, sollte man den Kraftstatus keinesfalls verfallen lassen – im Gegenteil. Um diese unumgänglichen alltäglichen Kraftakte nicht mit einem sehr hohen prozentualen Einsatz der vorhandenen Muskelkraft ausüben zu müssen, sollte der Hypertoniker durch ein gezieltes, individuell aufgebautes Krafttraining vorbeugen. Ein solcher Kraftaufbau könnte bewirken, daß prozentual weniger Kraft eingesetzt werden muß und somit der entsprechende Blutdruckanstieg deutlich geringer ausfällt. Das Krafttraining des Hypertonikers sollte durch Übungen mit nur mittlerem Kraftaufwand (30 bis 60 Prozent der Maximalkraft) gekennzeichnet sein. Bei dynamischen Kraftübungen bedeutet dies, daß die Wiederholungen zwischen 10 und 30 liegen. Diese Belastungsintensität ermöglicht zudem ein Krafttraining ohne gleichzeitige Preßatmung.

Faustregel für ein Krafttraining mit Hypertonikern: Jede Übung, die Preßatmung erfordert, ist ungeeignet oder in ihrer Belastungsintensität zu hoch. Auch die letzten Wiederholungen einer Übungsserie sollten noch ohne Pressen möglich sein.

Übrigens: Ein gutes Muskelkorsett ist der beste Schutz für die Gelenke. Auch der Hypertoniker sollte nicht nur an sein Herz-Kreislaufsystem denken!

Siehe auch: Kraftbeanspruchungen im Alltag; Kraftbeanspruchungen dynamisch; Kraftbeanspruchungen statisch; Pressdruck

Diro

Krafttraining im Alter

Bekannt ist, daß die allgemeine körperliche Leistungsfähigkeit ab dem 30. Lebensjahr im Schnitt um 1 Prozent im Jahr abnimmt. Weniger bekannt ist, daß auch die Kraft einem deutlichen Abbau unterliegt, sofern nicht systematisch gegengesteuert wird. Die Kraft eines körperlich inaktiven Siebzigjährigen liegt um 40 Prozent unter dem Niveau eines Zwanzig- bis Dreißigjährigen und entspricht der eines 12jährigen Kindes. Für das berufliche und alltägliche Leben des Älteren ist dieser Kraftverfall meist nur bei Situationen, die mit „Kraftakten" verbunden sind, wie z. B. Gartenarbeit oder Koffertragen, problematisch.

Wie groß ist z. B. die Zahl der Rückenbeschwerden vor allem bei Älteren, von denen ein Großteil sicherlich durch ein gutes Muskelkorsett gelindert oder sogar verhindert werden könnte? Täte nicht auch eine gute Muskelführung den im Laufe des Lebens mehr oder weniger verschlissenen Gelenken gut? Auch für den Älteren muß die Erhaltung einer gewissen Grundkraft, z. B. durch ein dosiertes Krafttraining, als eine biologisch sinnvolle, wenn nicht sogar notwendige Angelegenheit erachtet werden.

Da man dem Alter natürlich Tribut zollen muß, stehen für den Älteren kräftigende Übungen unter Ausnutzung des eigenen Körpergewichts – und nicht Übungen mit Fremdgewichten im Vordergrund. Auch die Intensität muß niedrig sein: zwischen 40 und 60 Prozent der individuellen Maximalkraft. Dafür liegt die Zahl der Wiederholungen entsprechend höher: bei etwa 8 bis 12 oder mehr. Jede Belastung, die Preßatmung erfordert, ist in der Belastungsintensität zu hoch angesiedelt und sollte so erleichtert werden, daß auch noch bei der letzten Wiederholung frei geatmet werden kann.

Siehe auch: Krafttraining, terminologische Abklärung, Preßdruck

Laufen

Laufen in der Ebene ist als Ausdauersportart für den Hypertoniker eine nahezu ideale Sportart. Die nur geringe Kraftkomponente läßt den Blutdruck nur systolisch leicht steigen, die diastolischen Blutdruckwerte und der arterielle Mitteldruck verändern sich fast nicht. Zudem stehen auch dem ungeübten Läufer viele Möglichkeiten der Abstufung der Intensität zur Verfügung. Ein gezieltes Lauftraining kann für den Trimmanfänger beim Gehen anfangen und sollte allmählich über das Traben zum Laufen hin gesteigert werden.

Laufen zählt zu den Sportarten, die des geringsten organisatorischen Aufwands bedürfen.

Eingeschränkt werden die Vorteile des Laufens durch Faktoren wie Übergewicht oder zu hohe Belastungsintensität. Ist die „Karosse" überdimensioniert, so steigt die Beanspruchung für den Organismus: sowohl für das Herz-Kreislaufsystem als auch vor allem für die Gelenke. Weil Laufen so einfach ist, besteht leicht die Gefahr, sich zu hoch zu belasten. Nur wer sein Tempo kontrolliert, d.h. im aeroben Bereich hält, erntet das ganze Ausmaß der gesundheitlichen Früchte des Ausdauersports. Übrigens: Auch wenn die Kraftkomponente beim Laufen gering ist, sichert eine gute muskuläre Führung eine saubere Gelenkführung und reduziert den Verschleiß und die Verletzungsgefahr.

Siehe auch: Sportarten für Hypertoniker, geeignete/ungeeignete; Abnehmen durch Sport; Blutdrucksenkung durch Sport

Leichtathletik

In der Leichtathletik gibt es eine Vielzahl von Disziplinen mit völlig unterschiedlichen Anforderungen und somit auch mit unterschiedlicher Wertigkeit für den Hypertoniker. Auf die Ausdauerdisziplinen, die für den Hypertoniker, richtige Belastungsdosierung vorausgesetzt, positiv zu bewerten sind, soll hier nicht näher eingegangen werden (siehe hierzu Laufen). Kurz erörtert werden sollen die Sprint-, Wurf-, Stoß- und Sprungdisziplinen, alles Disziplinen, die in ihrem Beanspruchungsprofil hochintensive zyklische und/oder azyklische Bewegungsabläufe beinhalten und überwiegend von schnellkräftigem Muskeleinsatz bestimmt sind.

Da Schnellkraftbeanspruchungen nicht nur den Bewegungsapparat, sondern auch das Herz-Kreislaufsystem extrem belasten und den Blutdruck kurzfristig in zum Teil „schwindelnde" Höhen treiben, sind die mit Schnellkraftbeanspruchungen einhergehenden Sportarten für den Hypertoniker grundsätzlich abzulehnen. Je größer der Krafteinsatz und je größer die Fremdlast von außen, um so höher natürlich auch der Blutdruckanstieg.

Unter diesem Gesichtspunkt sind die schnellkraftbetonten Belastungsformen der Leichtathletik für Hypertoniker grundsätzlich nicht geeignet. Den jugendlichen Hypertoniker, dessen Herz an der Leichtathletik hängt, sollte man dahingehend beraten, daß dieser sich mehr den Ausdauerdisziplinen zuwendet.

Siehe auch: Sportarten für Hypertoniker, geeignete/ungeeignete; Laufen

DIRU

Preßdruck

Kraftbeanspruchung ab ca. 80 Prozent der statischen Maximalkraft sind nur unter Einsatz des Preßdrucks realisierbar. Der durch Glottisverschluß aufgebaute intrathorakale Druck hilft bei solchen „Kraftakten“, den Rumpf zu stabilisieren, den die arbeitende Muskulatur als Widerlager benötigt. Der Blutdruck beschreibt beim Preßdruck eine regelrechte „Berg- und Talfahrt“. Mit Beginn des Pressens pfropft sich der intrathorakale Druck auf die normale Blutdruckamplitude auf. Dieser plötzliche Sprung kann je nach Muskelkraft zwischen 70 und 120 mmHg betragen. Der hohe intrathorakale Druck behindert jedoch anschließend den venösen Rückstrom zum Herzen. Somit kommt es zu einem Abnehmen des Herzzeitvolumens (Herzfrequenz steigt, Schlagvolumen nimmt deutlich ab) und zu einem Absinken des Blutdrucks. Nervös-reflektorische Mechanismen erhöhen jedoch im weiteren Verlauf den Gefäßtonus vor allem der kapazitiven Gefäße, der seinerseits zu einem Wiederanstieg des Blutdrucks beiträgt.

Wird nun der Preßdruck durch Ausatmung abgelassen, so fällt der Druck für wenige Schläge um den Betrag des Preßdrucks ab. Da nun der Rückfluß zum Herzen wieder normal ist, die Peripherie aber immer noch unter vasokonstriktorischem Einfluß steht, schnellt der Druck wieder nach oben, um dann allmählich wieder abzufallen. Das große Blutangebot in der postpressorischen Phase wird mit großem Schlagvolumen und langsamer Frequenz vom Herzen gepumpt (postpressorische Bradykardie).

Das plötzliche Auf und Ab des Preßdrucks ist ein großer Streß für das Gefäßsystem. Für ein gesundes Gefäßsystem scheint dies unbedenklich zu sein, bei vorgeschädigten Gefäßen und hypertoner Reaktionslage sollte man jedoch solche Belastungen möglichst meiden.

Siehe auch: Spielsportarten; Kampfsportarten

Radfahren

Radfahren in der Ebene gehört in die Spitzengruppe der für Hypertoniker geeigneten Sportarten. Diese klassische Ausdauersportart hat zudem den Vorteil, daß das Tragen des Gewichts vom „Drahtesel" übernommen wird. Dies kommt vor allem dem Übergewichtigen zugute: die Gelenke werden geschont. Auch das Radfahren läßt sich in seiner Belastungsintensität sehr gut, vom Radeln bis zum Rasen, abstufen. Die Gefahr der Überbelastung durch eine zu hohe Intensität ist für „Otto Normalverbraucher" jedoch nicht besonders groß. Denn hohe Fahrgeschwindigkeiten werden meist nicht erreicht, da die Angst, bei hoher Geschwindigkeit zu stürzen, als eine natürliche Intensitätsbremse wirkt. Es besteht bei den Freizeitradfahrern eher die Tendenz zu radeln und sich daher relativ wenig zu belasten.

Radfahren am Berg oder im hügeligen Gelände ist für Hypertoniker wegen des erhöhten Kraftaufwands wenig sinnvoll und sollte daher nur eine untergeordnete Rolle spielen. Je höher das den Berg heraufzuschleppende Gewicht, um so größer der Krafteinsatz, um so steiler der Blutdruckanstieg. Der Ehrgeiz, im Sattel oben anzukommen, läßt bei vielen leider alles vergessen und provoziert die Gefahr einer echten Überbelastung.

Als Hypertoniker sollte man sich somit möglichst ebene Radtouren aussuchen, und wenn's mal bergauf geht, frühzeitig einen niedrigeren Gang wählen und gegebenenfalls auch den Mut haben, abzusteigen und zu schieben.

Siehe auch: Kraftbeanspruchung dynamisch, Belastungshochdruck

Reiten

Der Blutdruck des Pferdes ist immer höher als der des Reiters. Dies liegt zum einen daran, das Pferde ohnehin einen höheren Blutdruck haben als Menschen, aber auch daran, daß die Pferde beim Reiten physisch mehr leisten müssen als der Reiter darauf.

Das Ausmaß der Haltearbeit beim Reiten, sofern mit und nicht gegen das Pferd geritten wird, ist auch für einen Hypertoniker vertretbar. Je besser die Reittechnik, um so weniger anstrengend wird es.

Als Ausdauersport mit dem Ziel therapeutischer Beeinflussung des erhöhten Blutdrucks ist das Reiten nicht geeignet, es sei denn, für das Pferd. Die Herz-Kreislauf-Belastung ergibt sich aus der Haltearbeit, und derartige Beanspruchungen vermögen keine präventiven Einflüsse auf das Herz-Kreislauf-System auszuüben. Der Hinweis vieler Reiter auf z. T. recht hohe Herzfrequenzen beim Reiten kann nicht als Beleg für eine Kreislaufbeanspruchung im Sinne eines Ausdauertrainings akzeptiert werden. Die Stimuli, die die Frequenz steigen lassen, resultieren aus der Haltbarkeit. Das für Ausdauer entscheidende Kriterium einer Volumenarbeit des Herzens liegt nicht vor.

Für Reiter, die sich durch das Arbeiten mit dem Pferd psychisch entlasten können, kann Reiten durchaus entspannend sein und damit indirekt den Blutdruck beeinflussen.

Siehe auch: Belastungshochdruck; Kraftbeanspruchung statisch; Entspannungstechnik

KOMM' ZURÜCK -
DU BLÖDER GAUL!
DIRO

Reizklima

Ein Reizklima, wie man es an der See findet, ist für den Hypertoniker vor allem im Herbst und Frühjahr vertretbar. Die Anregung der thermischen Homöostase, in Verbindung mit meist verstärkter körperlicher Aktivität, können sich stabilisierend auf das Vegetativum und damit stabilisierend auf den Blutdruck auswirken.

Große Hitze am Wasser im Hochsommer ist jedoch wesentlich kritischer einzuschätzen. Nicht nur der Hypertoniker, sondern auch der Gesunde leidet unter zu großer Hitze, besonders bei direkter Sonneneinstrahlung. Der Hypertoniker sollte derartige Klimasituationen wenn möglich berücksichtigen und seine Urlaubsplanung anders gestalten. Falls dies aus verschiedensten Gründen nicht möglich ist, sollte zumindest die direkte Sonne gemieden und mehr der Schatten gesucht werden. Nicht nur das Herz/Kreislauf-System, sondern auch die Haut wird es Ihnen danken.

Der Gedanke, einen Hypertoniker nicht durch zusätzliche klimatische Reizsetzungen zu stressen, mag vordergründig logisch erscheinen. Stetes Gleichmaß bewirkt aber auch keine adaptativen Reize, das homöostatische System wird träge. Klimatische Reizsetzungen in vernünftigem Rahmen sind also eher dazu geeignet zu stabilisieren denn zu stressen.

Siehe auch: Höhenaufenthalt und Aktivitäten

Rudern

Obwohl Rudern zu den klassischen Ausdauersportarten zählt, die für Hypertoniker zu bevorzugen sind, ist Rudern, vor allen Dingen das Wettkampfrudern, die für den Hypertoniker am wenigsten geeignete Ausdauersportart. Die zum Teil hohe Kraftkomponente in Verbindung mit dem Einsatz großer Muskelgruppen beim Rudern läßt die Drucke bei der Belastung massiv und vor allem immer recht plötzlich ansteigen. Außerdem wird der Bewegungsapparat, vor allen Dingen im Lumbalbereich, bei nicht exakter Technik stark beansprucht. Das gleiche gilt übrigens auch für das Rudergerät zu Hause.

Als weniger kritisch ist das Rudern in Form des Wanderruderns zu betrachten. Da hier längere Strecken zurückgelegt werden und das Naturerlebnis weit vor der Ruderleistung rangiert, ist die Belastungsintensität zumeist recht gering, und falls ein Minimum an technischen Voraussetzungen vorhanden ist, ist zumeist auch die orthopädische Belastung vertretbar.

Für das Rudern allgemein kann gelten: Wer technisch sauber rudern kann und es versteht sich zurückzuhalten, für den ist in Abhängigkeit vom Schweregrad des Hypertonus sogar die strikte Ablehnung des Wettkampfruderns unter Umständen zu relativieren.

Siehe auch: Kraftbeanspruchung dynamisch; Sportarten für Hypertoniker, geeignete/ungeeignete

MUCKI 1

Rückschlagspiele

Zu den Rückschlagspielen zählt man Tennis, Squash, Badminton, Tischtennis usw. Diese Spiele sind charakterisiert durch kurze Antritte, Stoppbewegungen und mehr oder weniger reaktionsschnelle Schlagbewegungen. Dies sind Aktionen, die sowohl für den Bewegungsapparat als auch für das Herz-Kreislaufsystem häufig Maximalbelastungen darstellen. Zudem ist die Spielsituation in vielen Fällen emotionsgeladen, in einigen Fällen sogar bis zur Aggressivität reichend. Deshalb spricht man auch häufig bei diesen Sportarten von typischen „Streßsportarten".

Aus den obengenannten Gegebenheiten wird deutlich, daß die Rückschlagspiele für den Hypertoniker wenig geeignet sind. Dies gilt vor allem auch dann, wenn sie die einzige Art der sportlichen Betätigung darstellen. In Kombination mit einem Konditions- und Ausdauertraining wird so manches Rückschlagspiel jedoch tolerabler.

Die Ausprägung der Streßsituation ist bei den verschiedenen Rückschlagspielen keinesfalls gleich. Die Schnelligkeit der Bewegungsaktionen und vor allem die Länge der Ballwechsel und die damit gekoppelte Häufigkeit dieser Aktionen führt zu einer allgemeineren Belastungsbeurteilung dieser Streßsportarten. Unter diesem Gesichtspunkt rangieren Squash und Badminton deutlich vor Tennis – und das Tischtennisspiel bildet das Schlußlicht. Alle obengenannten Ausführungen beziehen sich auf die Rückschlagspiele als Wettkampfspiele. Breiten- und freizeitsportliche Varianten dieser Spiele, wie etwa „Federball" oder „Pingpong" sind in ihrer Belastungsbeurteilung positiver zu bewerten.

Siehe auch: Spiele; Squash; Badminton; Tischtennis

DIRO

Sauna

Durch Saunabesuche kann man weder nennenswert abnehmen, noch das Herz-Kreislaufsystem trainieren. Hierzu ist der Kalorienumsatz und die Steigerung der Herzarbeit einfach zu gering.

Sieht man von extremen Aufgüssen ab, so ist das Saunieren für Hypertoniker weitgehend unbedenklich. Der Blutdruckanstieg hält sich in einem tolerablen Rahmen. Salz- und Wasserverlust durch den Schweiß können sogar zu einer leichten Blutdrucksenkung, zumindest bis zu einigen Stunden nach dem Saunagang, führen.

Problematischer als der Hitzegang ist zweifelsohne die Abkühlung. Denn der Sprung ins eiskalte Tauchbecken kann den Druck bis auf 300 mmHg und mehr hochschnellen lassen. Junge gesunde Gefäße scheinen dies offenkundig ohne Schaden überstehen zu können. Bei durch langjährigen Hypertonus vorgeschädigten Gefäßen sollte man jedoch vor solchen Sprüngen warnen.

Da nach einem Hitzegang auch eine Abkühlung mit einer 20 bis 22°C „kalten" Dusche einen guten Reiz für die Thermoregulation darstellt, sollte man diesen behutsameren und für den Hypertoniker schonenderen Weg der Abkühlung wählen.

Siehe auch: Blutdrucksenkung durch Sport; Kneippsche Anwendung

Schwimmen

Schwimmen als Ausdauersportart ist für den Hypertoniker geeignet. Denn bei der häufig beschriebenen problematischen Blutdruckerhöhung durch den Wasserdruck handelt es sich nicht um eine echte, sondern nur um eine relative Druckerhöhung, da der Druck sowohl innen wie auch außen gesteigert wird. Schwimmen bietet sogar eine Reihe von Vorteilen: Das Wasser übernimmt durch das Phänomen des Auftriebs z. B. das Tragen des Körpers. Dies kommt sowohl übergewichtigen als auch orthopädisch vorbelasteten Personen zugute. Auch der geringe Kraftaufwand (Wasser bietet der Bewegung ein geringes „Widerlager“) hält den Blutdruckanstieg beim Schwimmen im Rahmen.

Die vielseitige Beanspruchung großer Muskelgruppen, verbunden mit dem Reiz „zu schweben“, macht das Schwimmen zu einer der beliebtesten Sportarten überhaupt. Leider ist Schwimmen eine Sportart mit einer hohen Anforderung an die Koordination. Bei mangelnder Koordination steigt die Intensität sehr schnell an. Ungeübte Schwimmer schaffen es zum Teil nicht, so ökonomisch zu schwimmen, daß sie die 5 bis 10 Minuten, die für ein Ausdauertraining erforderlich sind, durchschwimmen können. Sich über Wasser zu halten, bedeutet für sie schon eine mittlere bis hohe Anstrengung.

Konsequenz für den ungeübten Schwimmer: An der Schwimmtechnik arbeiten/üben, um langsamer (aerob) schwimmen zu können.

Siehe auch: Abnehmen durch Sport; Belastungsintensität; Übergewicht.

DIRO

Ski alpin

Charakteristika des wettkampfgemäßen Skifahrens sind sowohl in hohen, meist statischen Kraftbeanspruchungen als auch in kurzfristigen, schnellkräftigen Krafteinsätzen zu sehen. Legt man diese Art der Beanspruchung zugrunde, ist diese Sportart mit den einhergehenden massiven Blutdruckanstiegen für Hypertoniker sicherlich eine ungünstige Belastungsform. Der Freizeitsportler, der das Skifahren vorwiegend aus Spaß betreibt und sich zudem noch bemüht, „schöne Bogen" zu fahren, kommt in der Regel nicht annähernd in die für Hypertoniker gefährlichen Belastungsbereiche. Einem Hypertoniker, der seine Skier beherrscht und es versteht, seinen skifahrerischen Ehrgeiz zu zügeln, kann man durchaus diesen Sport erlauben.

Einschränkend sei jedoch bemerkt, daß der Skiurlaub häufig ohne jegliche körperliche Vorbereitung angetreten wird. Daß zudem (um die Zeit voll auszunutzen) viel zu lange pro Tag gelaufen wird. Wenn der Körper sich darüber hinaus noch durch ausgedehntes Après-Ski und umfangreiche Abendprogramme nicht ausreichend regenerieren kann, summiert sich die Ermüdung sowohl am einzelnen Tage als auch im Laufe eines Skiurlaubs. Die zwangsläufige Folge hiervon ist wiederum eine kaum noch tolerierbare Gesamtbelastung. Um dem Hypertoniker das Skilaufen guten Gewissens empfehlen zu können, muß man also nicht nur die Skitechnik, sondern auch den Belastungsumfang, die Regenerations- und die Erholungsphasen ins Kalkül ziehen.

Der Höhenaufenthalt selbst führt nicht zwangsläufig zu einer Erhöhung des Blutdrucks.

Siehe auch: Belastungsumfang; Belastungsintensität; Höhenaufenthalt

Skilanglauf

Skilanglauf ist eine Ausdauersportart, die sich auch in unseren Breiten einer immer größeren Beliebtheit erfreut. Skilanglauf ist für Hypertoniker wegen seines dynamischen Charakters, seines relativ geringen Kraftaufwands und seiner geringen Gelenkbelastung eine fast ideale Sportart – nur können muß man es. Denn die Vorteile des Skilanglaufs kommen nur dann zur Geltung, wenn die Technik einigermaßen beherrscht wird. Beim Anfänger schnellen Kraftaufwand und Intensität leicht in die Höhe, wenn er versucht, mangelnde Koordination und fehlendes Bewegungsgefühl durch Kraft zu kompensieren. Zurückhaltung und Geduld in der Lernphase werden rasch durch ein „Langlauferlebnis" belohnt, denn Skilanglauf lernt man schnell.

Beim hypertonen (und vor allem übergewichtigen) Skilangläufer braucht es nicht immer die schwierigste (schwarze) Loipe mit den steilsten Anstiegen zu sein. Und wenn es zu steil wird, ist es keine Schande, dem drohenden Katecholamin- und Blutdruckanstieg dadurch auszuweichen, daß man die Ski abschnallt und zu Fuß den Anstieg (oder die Abfahrt) „bewältigt". Das Bestreben sollte nicht darauf ausgerichtet sein, neue absolute oder persönliche Rundenbestzeiten zu erzielen, sondern darauf, die Natur zu erleben. Für die meisten, vor allem für die älteren Skilangläufer, charakterisiert daher ein Begriff wie „Skiwandern" besser die angestrebte Intention als der mehr sportlich angehauchte Begriff „Skilanglaufen".

Siehe auch: Abnehmen durch Sport; Sportarten für Hypertoniker, geeignete/ungeeignete; Höhenaufenthalt

NORDPOL
DIRO

Spazierengehen

Ein regelmäßiger Spaziergang hilft abzuschalten, sich zu entspannen. Die leichte Bewegung regt den Kreislauf etwas an, wirkt stabilisierend auf das Vegetativum. All diese Faktoren sind positiv für den Hypertoniker zu werten.

Die Belastungsintensität und zumeist auch die relativ geringe Dauer reichen jedoch nicht aus, um im Sinne eines Ausdauertrainings Reize zu setzen. Eine Leistungsverbesserung oder wesentliche vegetative Umstellung ist beim Spazierengehen nicht zu erwarten. Genausowenig sind biochemische Umstellungen, etwa im Stoffwechsel, realistisch. Der Kalorienverbrauch ist eher enttäuschend.

Wenn also durch körperliche Aktivität der Hypertonus angegangen werden soll, muß es schon etwas mehr sein als Spazierengehen. Trotzdem ist ein regelmäßiger Spaziergang besser, als gar nichts zu tun, vielleicht sind die positiven Erfahrungen Anstoß dazu, mehr zu tun, etwa zu wandern.

Auch wenn die körperliche Seite im Rahmen der Hochdrucktherapie kritisch zu beurteilen ist, bleibt doch der Effekt auf die Psyche. Sofern es beim Spaziergang gelingt sich zu entspannen, etwas abzuschalten, so ist der Effekt auf den Blutdruck sicher deutlich merklich.

Siehe auch: Wandern; Wogging; Streßabbau aktiv

Spiele/Freizeitspiele

Freizeitspiele sind nicht nur etwas für Kinder. Im Urlaub am Strand sind für Jung und Alt Freizeitspiele fast selbstverständlich. Aber in den letzten Jahren sind sie auch bei gutem Wetter in zunehmendem Maße in den öffentlichen Grünflächen zu beobachten. Zu den kleinen Spielen zählt man Spiele wie Family-Tennis, Indiaka, Frisbee, Boccia, Krocket und ähnliches. All diese Spiele haben gemein, daß sie ohne besondere Technik und große schnellkräftige Aktionen durchführbar sind und daß keine besonderen Sportanlagen oder Spielflächen benötigt werden. Die Regeln sind meist einfach und können zum Teil nach Belieben variiert werden.

Bei diesen Spielen tritt die soziale Komponente stark in den Vordergrund; es wird mehr miteinander gespielt als gegeneinander gekämpft.

Diese Art von Spielen ist für den Hypertoniker nahezu unbedenklich.

Dem gemeinschaftlichen Spielen und dem Spaß daran kommt häufig die Funktion einer Entspannungstechnik zu. Im Spiel können Spannungen abgebaut werden, was sich letztlich auch positiv auf den Blutdruck niederschlagen wird.

So mancher Hypertoniker, der im Beruf und im Sport aktiv leistungsorientiert agiert, muß erst einmal lernen zu spielen um des Spielens willen. Freizeitspiele bieten hierzu ein hervorragendes Übungsfeld.

Siehe auch: Rückschlagspiele; Spiele; Spielsportarten; Streßabbau aktiv

Spielsportarten

Homo ludens – Spielen gehört sicherlich zur Natur des Menschen, auch wenn man häufig den Eindruck hat, daß vor allem bei Älteren dieses Bedürfnis „wegzivilisiert" wurde. Im sportlichen Spiel findet man Freiräume, hier kann man sich ausleben, hier bietet sich Raum für eine natürliche Emotionalität.

Im Reiz des Spiels liegt jedoch auch die Problematik für den Hypertoniker und den Herz-Kreislauf-Kranken:

- Der Reiz des Spiels läßt alles vergessen, leider auch die Warnzeichen des Körpers.
- Die Wettkampfsituation und der Ehrgeiz jagen die Streßhormone hoch.
- Die spielimmanente Aktionsschnelligkeit führt bei Einsatz großer Muskelgruppen zu Maximalbelastungen für den Bewegungsapparat und das Herz-Kreislaufsystem.

Ein Spiel wird also für den Hypertoniker um so ungeeigneter, je mehr schnelle Aktionen großer Muskelgruppen (Antreten und Stoppen) gefordert sind und je streßgeladener die Spielsituation ist.

Spiele, die Aktionen mit nur kleinen Muskelgruppen erfordern oder in denen der Aktionsradius klein ist, in denen mehr das Miteinander und nicht das Gegeneinander betont wird, können genausoviel Spaß bereiten. Vor allem sind sie in ihrer Belastung wesentlich moderater und damit auch besser kalkulierbar.

Der Schlüssel zum kontrollierten und von der Belastung her kalkulierbaren Spiel soll stets in einer Regelmodifikation liegen, denn alle guten Vorsätze, wie z. B. sich zurückzuhalten oder es bewußt langsam angehen zu lassen, sind in der Spielsituation schnell vergessen.

Siehe auch: Rückschlagspiele; Spiele/Freizeitspiele; Volleyball

DIRO

Sportabzeichen

Die Olympiade des kleinen Mannes stellt sicherlich für eine Vielzahl von Personen eine Motivation zur körperlichen Aktivität dar. Der Übungskatalog berücksichtigt, daß die Voraussetzung für Kraft und Schnellkraftleistung mit zunehmendem Alter abnehmen. Es werden Alternativübungen angeboten, die weniger Kraft oder Schnellkraft erfordern. Durch Empfehlung wird versucht, das Wahlverhalten Älterer in diesem Sinne zu beeinflussen.

Trotzdem sind schnellkräftige Übungen immer noch im Katalog enthalten und werden auch häufiger gewählt als die Alternativübungen. Die dabei auftretenden Belastungen sind nicht nur, was den Blutdruck betrifft, sondern auch, was den Bewegungsapparat betrifft, bedenkenswert.

Ein erschwerendes Moment kommt in vielen Fällen hinzu. Da das Sportabzeichen nicht als Mitnahmeartikel gedacht ist, sind die Anforderungen für Untrainierte relativ hoch. Bei sinnvoll aufgebautem Training über Wochen und Monate auf das Ziel Sportabzeichen hin wären viele Belastungen auch für Hypertoniker zwar nicht unbedenklich, jedoch überwiegend vertretbar. Da sehr häufig das Sportabzeichen ohne jegliches Training versucht wird, treten Belastungen auf, die für manchen Hypertoniker den Rahmen des Vertretbaren überschreiten.

Das Sportabzeichen als Motivationshilfe zum Sport für den Hypertoniker ist daher nur bedingt geeignet.

Siehe auch: Fitneßtraining; Belastungsintensität; Sportarten geeignete/ungeeignete

Sportarten für Hypertoniker, geeignete/ungeeignete

Wer an dieser Stelle eine Liste von geeigneten und ungeeigneten Sportarten erwartet, wird ein wenig enttäuscht sein. Sportarten in schwarze und weiße, gute und schlechte einzuteilen, scheint weder sinnvoll noch gerechtfertigt. Denn in den meisten Fällen ist das „*Wie*" entscheidender als das „Was". Trotzdem lassen sich andererseits auch ganz verallgemeinernde Aussagen zu verschiedenen Sportartengruppen formulieren. So sind die sogenannten Ausdauersportarten, wie z. B. Laufen oder Radfahren, für Hypertoniker eher empfehlenswert als kraftbetonte Sportarten wie Gewichtheben, Bodybuilding, Turnen oder Kampfsportarten wie Ringen und Boxen. Auch sind „streßarme" Sportarten und Spiele wie Golf, Bogenschießen, Family-Tennis oder ähnliche den „streßbetonten" Sportarten wie Squash, Badminton oder auch Tennis vorzuziehen.

Entscheidend für die Eignung einer Sportart für Hypertoniker sind 3 Punkte:
- der Kraftanteil
- die Belastungsintensität
- die affektive Komponente.

Eine Sportart wird für Hypertoniker um so ungeeigneter, je größer der Kraftanteil ist. So ist z. B. unter den sonst so zu bevorzugenden Ausdauersportarten das Rudern wegen des relativ hohen Kraftanteils weniger günstig als z. B. das Skiwandern.

Bei hoher bis maximaler Belastungsintensität werden selbst die für den Hypertoniker sonst als fast ideal zu bezeichnenden Sportarten, wie z. B. das Laufen zu einem Problem. Somit sind Sportarten, die von ihrer Struktur her hochintensive Belastungen praktisch erfordern, kritisch zu betrachten.

Streß als übertriebener Ehrgeiz oder Aggression kann den Wert einer Sportart relativieren, ganz abgesehen von Sportarten, die in ihrer Ausübung Streß geradezu provozieren.

Ausdauersportarten sind sicherlich für den Hypertoniker die geeignesten Sportarten. Die akuten Kreislaufbelastungen sind aufgrund ihres dynamischen Charakters und ihrer submaximalen Belastungsintensität kalkulierbar. Auch die langfristigen Effekte, wie Steigerung der maximalen Sauerstoffaufnahme, Ökonomisierung der Herzarbeit, Dämpfung der Sympathikusreaktion usw., sind nicht nur für die Leistungsfähigkeit und das Wohlbefinden förderlich, sondern beeinflussen unter Umständen sogar direkt den Bluthochdruck im positiven Sinne. Dennoch sind, wie oben schon erwähnt, nicht alle Ausdauersportarten von gleicher Wertigkeit. So sind Gehen, Wandern, Laufen und Skilanglaufen, also Sportarten mit geringer Kraftbelastung, als die günstigeren Ausdauersportarten anzusehen.

Neben dem „*Was*" gilt es auch bei den Ausdauersportarten vor allem das „*Wie*" zu beachten. Wer im Endspurt das Letzte aus sich herausholt, erfährt wahrscheinlich kurzfristig ein Gefühl der Befriedigung, seiner Gesundheit hingegen tut er damit keinen Gefallen. Die positiven Effekte von Ausdauertraining sind nur dann zu beobachten, wenn Sauerstoffaufnahme und Sauerstoffverbrauch im Gleichgewicht sind. Also „immer schön langsam". Übrigens: Oft bedeutet für den Trainingserfolg weniger Intensität, mehr an Ausdauereffekt.

Siehe auch: Belastungsintensität; Kraftbeanspruchung dynamisch; Kraftbeanspruchung statisch

---

Squash

Nach dem Tennis hat sich an zweiter Stelle der häufigsten Rückschlagspiele das Squashspiel etabliert.

Kurze Antritte, Stoppen, Schlagen, das sind die charakteristischen Bewegungen beim Squashspiel. Diese meist azyklischen Bewegungsabläufe mit ihren kurzzeitigen Maximalbeanspruchungen für den Bewegungsapparat und das Herz-Kreislaufsystem sind für den Hypertoniker verständlicherweise wenig geeignet. Verglichen mit anderen Rückschlagspielen kommt erschwerend hinzu, daß die Ballwechsel aufgrund des geschlossenen Spielraums und der Sprungeigenschaften des Balls relativ lang sein können. Auch die Pausen zum Ballholen sind kurz, da der Ball nicht weit wegrollen kann. Die oben skizzierten Bewegungssequenzen wiederholen sich also häufig, was die Gesamtbelastung natürlich erhöht.

Im Vorteil des Squashspiels, daß auch bei einer wenig ausgereiften Technik ein Spiel zustande kommt, liegt gleichzeitig auch eine zusätzliche Gefahr, nämlich sich überzubelasten.

Siehe auch: Rückschlagspiele; Badminton; Spiele/Freizeitspiele

PANG
DONG
DENG
TOCK
PAFF
DIRO

Streßabbau aktiv

Streß, als Urreaktion des menschlichen Organismus, dient dazu, den Körper auf Aktionen vorzubereiten; die Ankurbelung des Kreislaufs und die Bereitstellung von Energie dokumentieren noch heute den Sinn der Streßreaktion. In Streßsituationen des heutigen hochzivilisierten Lebens sind wir jedoch weitgehend zur motorischen Immobilität verdammt (sieht man einmal von Situationen wie „den Telefonhörer auf die Gabel knallen" oder „die Faust in der Tasche ballen" ab). Dem ursprünglichen Sinn des Stresses nach gibt es keinen natürlicheren Weg, Streß abzubauen, als körperliche Aktivität. Wie die Praxis zeigt, ist der Streßabbau durch körperliche Aktivität nicht nur ein theoretisches Modell, sondern ein überzeugender und gangbarer Weg des Streßabbaus.

Nur sollte man beim Streßabbau nicht alles in die Aktivität hineinlegen, was sich an Frust aufgestaut hat, und sich mit maximaler Intensität abreagieren. Dies bringt zwar vielleicht kurzfristig eine Befriedigung im Erschöpfungszustand, aber die nach solcher Art Belastung langanhaltende Sympathikotonie zeigt, daß man den Streß nur mit anderen Mitteln fortgeführt hat.

Ruhige Ausdauerbelastungen mit mittlerer Intensität eignen sich hingegen hervorragend zum Streßabbau. Die sich nach derartigen Belastungen einstellende vagotone Reaktionslage fördert die Erholung sogar zusätzlich.

Über einen längeren Zeitraum betrieben, können derartige Beanspruchungen sogar zu einer Dämpfung der vegetativen Reaktionslage führen, die sich wiederum positiv auf die Intensität der psychischen Streßreaktion bemerkbar machen kann.

Siehe auch: Entspannungstechniken; Kneippsche Anwendungen; Laufen

PRRRRRIIING

Surfen

Surfen ist zum Volkssport geworden. Bei gutem Wetter sind die dafür freigegebenen Seen häufig von bunten Segeln übersät. Der technisch gute Surfer braucht bei seinem Sport für das Halten und Steuern des Segels relativ wenig Kraft, hingegen hohe technische und somit koordinative Fähigkeiten. Der weniger gute Surfer, vor allem aber der Anfänger, muß hingegen sehr viel statische Haltearbeit auf dem Brett leisten und so manchen Kraftakt vollbringen, wenn es darum geht, das Segel aus dem Wasser zu ziehen. Diese Belastungen sind für den Hypertoniker nicht günstig. Statische Beanspruchung von zum Teil langer Dauer und Kraftakte, die nicht ohne massives Pressen zu leisten sind, führen zu Blutdruckanstiegen, die beim Surfanfänger bedenklich sind.

Da man jedoch beim Surfen die Stufen vom Anfänger bis zum Könner nicht einfach überspringen kann, sollte man dem Hypertoniker, der diese Sportart erlernen möchte, hiervon abraten.

Nicht zu vergessen bleibt auch die Belastung, die mit dem Surfen selbst nicht unmittelbar verbunden ist, nämlich das Tragen des Brettes zum Wasser und das Heben und Befestigen des Brettes auf dem Autodach. Hier ist auch vom guten Surfer so mancher Kraftakt zu leisten. Man sollte diese Probleme mit in die Überlegungen einbeziehen und zumindest auch den guten Surfer darauf hinweisen. Durch einen Helfer läßt sich hier die Belastung sehr leicht in einen vertretbaren Bereich absenken.

Siehe auch: Kraftbeanspruchungen statisch; Preßdruck; Reizklima

C21

Tanzen

Tanzen zählt für die meisten Menschen nicht als Sportart, Tanzen ist ein gesellschaftliches Ereignis. Die Belastungsstruktur derartiger Tänze stellt kein Gefahrenmoment für die Blutdruckpatienten dar. Der Blutdruckanstieg durch einen „überaus attraktiven" Tanzpartner wird häufig den durch die physische Belastung verursachten Anstieg übersteigen.

Tanzsport als Turniersport ist jedoch auch physisch hoch belastend, man denke hier nur an bestimmte lateinamerikanische Tänze. Tanzsport in dieser Ausprägung sollte für Hypertoniker mit Vorsicht gehandhabt werden.

Tanzen als Gesellschaftsereignis ist jedoch eine hervorragende „Einstiegssportart" für ältere Hypertoniker. Vielen Älteren fällt der Schritt zum Sport sehr schwer. Tanzen wird jedoch häufig und gerne akzeptiert. Bei gezielter Duchführung sind unter Umständen durch Tanzen sogar gewisse Ausdauertrainingseffekte zu erzielen. Vielleicht erlauben positive Körpererfahrungen beim Tanzen den Einstieg in eine mehr sportliche Aktivität mit größerem therapeutischen Nutzen.

Man sollte zurückhaltend sein, Tanzen als zu geringe Belastung zu verdammen. Die hohe Motivation zu dieser Art von Bewegung ist auf jeden Fall zu begrüßen, und selbst wenn die organischen Effekte gering einzustufen sind, ist der psychologische Effekt noch immer beachtenswert.

Siehe auch: Sportarten für Hypertoniker, geeignete/ungeeignete; Wandern

JUCK
PUL
VER

Tauchen

In 10 m Wassertiefe beträgt der Blutdruck über 1 atü. Der Grund, warum bei derartigen Druckverhältnissen das Blut nicht aus „den Ohren schießt", liegt darin, daß es sich um eine relative Drucksteigerung handelt. Da unser Körper überwiegend aus Flüssigkeit besteht, überträgt sich der Druck von außen nach innen. Es herrscht also im gesamten Körper ein ähnlicher Druck wie der der Wassertiefe entsprechend. Der Blutdruck, obwohl in absoluten Werten in schwindelnden Höhen, ist relativ nur unwesentlich zu höheren Werten hin verschoben. Eine leichte Blutdruckerhöhung wird durch eine gewisse Zentralisation des Blutdrucks bedingt. Das Ausmaß ist jedoch nicht so groß, um deshalb einem Hypertoniker das Tauchen zu verbieten.

Problematisch sind beim Tauchen, wie auch bei anderen Erlebnissportarten, die streßbedingten Blutdruckanstiege. So lange alles gut geht, ist Tauchen physich wie psychisch nicht belastend. Das Risiko unvorhergesehener Situationen ist jedoch relativ hoch, besonders hoch bei Tauchanfängern. Ein medikamentös gut eingestellter Hypertoniker mit größerer Taucherfahrung kann seine Sportart durchaus weiter ausüben. Bei Anfängern sollte man, sofern ein ausgeprägter Hypertonus vorliegt, mit der Erlaubnis zu dieser Sportart zurückhaltend sein.

Bedenkenswert sind für Hypertoniker auch die Vor- und Nachbereitung dieser Sportart. Die Kraftakte beim Schleppen der Tauchflaschen und anderer Geräte sind nicht unerheblich. 1 Liter Luft wiegt zwar nur 1,3 g aber 2.000 oder 3.000 Liter in einer Flasche machen sich neben dem Eigengewicht der Flasche doch deutlich bemerkbar.

Siehe auch: Sportarten für Hypertoniker, geeignete / ungeeignete; Schwimmen

BLUB
BLUB

Tennis

Tennis als Wettkampfsportart ist mit seinen schnellkräftigen Aktionen, Antritten, Stoppen und vielen Schlagvarianten für Hypertoniker wenig geeignet. Neben den Belastungen des Bewegungsapparates ist das Tennisspiel vor allem durch die Belastungen des Herz-Kreislaufsystems mit steilen Blutdruckanstiegen gekennzeichnet.

Dem gegenüber steht die Tatsache, daß sich Tennis aufgrund seiner hohen sozialen Reputation einer außerordentlichen Beliebtheit erfreut. Dies trifft besonders auch für die Altersklasse zu, bei der Herz-Kreislauf-Erkrankungen und Hochdruck vermehrt auftreten.

Unter diesem Gesichtspunkt ist es fast ein Segen, daß das Tennisspiel eine so anspruchsvolle Technik erfordert und daß es im höheren Alter nur noch schwerlich erlernt werden kann. Bei einer unausgereiften Technik sind die Ballwechsel ohnehin kurz, was dazu führt, daß es zwangsläufig beim Bällesammeln zu längeren Pausen kommen muß. Hieraus läßt sich wiederum ableiten, daß sich die Belastung gerade bei schlechten Spielern einigermaßen in Grenzen hält. Je besser hingegen die Tennistechnik, um so höher die Belastung.

Auch die emotionale Komponente dieses Spiels kann beträchtlich sein. Dabei ist nicht immer nur der Ehrgeiz oder die Aggression gegen den Gegner zu berücksichtigen, sondern auch die Aufregung über die angebliche oder offenkundige spielerische Insuffizienz des Mit- oder Gegenspielers (besonders wenn es sich um den Ehepartner handelt). Tennis als Sport für den Hypertoniker ist dann vertretbar, wenn es auf der Basis einer guten allgemeinen aeroben Ausdauer erfolgt und es gelingt, das Spiel anstelle des Kampfes in den Vordergrund zu stellen.

Siehe auch: Rückschlagspiele; Spiele/Freizeitspiele

DAUERND IST DIE BLÖDE BALLMASCHINE KAPUTT!
PANG PANG
JIRO

Tischtennis

Jeder hat in seinem Leben sicher schon einmal Tischtennis gespielt und es zumeist als ein relativ wenig anstrengendes Spiel, mehr als ein Freizeitspiel, eingeordnet.

Tischtennis wird in seiner Beanspruchung für das Herz-Kreislaufsystem häufig unterschätzt. Dies gilt besonders für ein auf hohem technischen Niveau ablaufendes Wettkampfspiel. Je besser die Spieltechnik, um so schneller und schnellkräftiger werden die Aktionen, um so großräumiger und kraftraubender die Antritte und Stoppbewegungen. Je besser technisch gespielt wird, um so bedenklicher wird die Belastung für den Hypertoniker.

Im Freizeitsport spielt der größte Teil der Tischtennisspieler jedoch auf einem technischen Niveau, wo großräumige und schnellkräftige Aktionen nur selten sind. Beim Freizeitsportler steht also die Reaktion und Geschicklichkeit im Vordergrund der Beanspruchung. Zudem überwiegt meist die soziale Komponente eines Miteinander – statt Gegeneinanders beim Wettkampf. Damit ist diese Art von Tischtennis für den Hypertoniker nahezu unbedenklich.

Siehe auch: Rückschlagspiele; Spiele/Freizeitspiele

S
P

Übergewicht

Daß Übergewicht ein Faktor ist, der zum Bluthochdruck mit beiträgt und ihn aufrechterhält, ist eine bekannte Tatsache. Jedes Kilo Gewichtsabnahme bringt im Durchschnitt eine Blutdrucksenkung von 2 bis 3 mmHg.

Für den Sporttreibenden bedeutet Übergewicht, einen ständigen Ballast mitzuschleppen. Nur bei wenigen Sportarten, wie z. B. beim Schwimmen und beim Radfahren in der Ebene, spielt das Gewicht eine untergeordnete Rolle. Bei den meisten anderen Sportarten führt die „überdimensionierte Karosse“ dazu, daß der „Motor“ und das „Fahrgestell“ beim Sport oft an ihre Leistungsgrenze stoßen. Das bedeutet, daß der Übergewichtige einerseits einen Mehrbedarf an Energie und andererseits einen erheblich höheren Verschleiß hat.

Einen Freizeitsportler, der mit einer Bleiweste von 10 bis 15 kg Gewicht zum Joggen, Tennis oder Fußball antritt, würde man für verrückt erklären. Sind hingegen diese 10 bis 15 kg mehr oder weniger versteckt um die Hüften verteilt, so nimmt keiner mehr daran Anstoß.

Jedes Kilo, das man abwirft, wird einen nicht nur im Sport, sondern auch im Alltag regelrecht „beflügeln“. Zudem sind Herz und Gefäße für jede Gewichtsabnahme langfristig dankbar.

Siehe auch: Abnehmen durch Sport; Schwimmen; Radfahren

Volleyball

Das Sportspiel Volleyball ist mit seiner Vielzahl von Sprüngen (Block, Angriff) und seinen schnellen Abwehrreaktionen immer mit kurzfristigen Maximalbelastungen für das Herz-Kreislaufsystem und den Bewegungsapparat verbunden. Auch die psychische Anspannung während des Spiels ist beträchtlich. Daher sollte man dem Hypertoniker vom Wettkampfspiel Volleyball eher abraten.

Andererseits ist Volleyball, als Freizeitsportart betrieben, ein gutes Beispiel dafür, wie man durch Modifikation des Regelwerks ein Spiel auch für Risikopatienten tolerabel machen kann.

Verbietet man alle Netzaktionen, wie Blocken und Schmettern, und fordert man obligatorisch zwei oder gar drei Kontakte von jeder Mannschaft, so kann man das Spiel deutlich entschärfen und auch für Herz-Kreislauf-Patienten und damit für den Hypertoniker vertretbar gestalten. Durch diese Regelmodifikationen wird der Bewegungsradius der einzelnen Spieler begrenzt und das Miteinander mehr als das Gegeneinander gefördert.

Beim Volleyball bleibt also trotz eingreifender Regelmodifikationen der Spielgedanke noch erhalten und das Spiel dennoch interessant. Dies ist bei anderen Spielsportarten in gleichem Maße nicht möglich.

Siehe auch: Spiele/Freizeitspiele; Spielsportarten

Wandern

Wandern ist der Ausdauersport für Unsportliche. Wandern hat nicht den „Anruch“ einer schweißtreibenden anstrengenden Sportart und wird häufig mehr als Freizeitaktivität denn als Sport eingestuft. Aus diesem Grund ist Wandern für viele unsportliche Hypertoniker eine ideale Einstiegssportart.

Vom Spazierengehen unterscheidet sich das Wandern einmal durch die Intensität. Beim Wandern wird ein etwas strammerer Schritt vorgelegt, zum anderen ist der Belastungsumfang deutlich größer. Ein Spaziergang kann wenige Minuten dauern, eine Wanderung wird erst ab 1 – 2 Stunden interessant. Sollen therapeutische Effekte im Sinne des Ausdauertrainings erzielt werden, so ist die Dauer von entscheidender Bedeutung. Bei der realativ niedrigen Intensität kommt der Effekt erst bei längerer Dauer.

Dem Unerfahrenen macht die Dauer nicht selten Probleme. Ein zu flottes Anfangstempo kann nach 1 – 2 Stunden nicht mehr durchgehalten werden, vor allem wenn es auch noch bergan geht. Das gilt nicht nur für das Herz/Kreislauf-System, sondern auch für den Bewegungsapparat. Den Faktor Dauer sollten vor allem Übergewichtige berücksichtigen, aber auch Normalpersonen, wenn ein Zusatzgepäckstück, etwa ein Picknickkorb oder ein Rucksack, mitgeführt wird.

Als Akutbelasatung ist Wandern nicht problematisch. Nur eine überlange Dauer kann zum Problem werden. Eine exakte Vorplanung mit einer Wanderkarte, in der auch die Höhenmeter verzeichnet sind, hilft die Belastung im vorhinein abzuschätzen und Überbelastung zu vermeiden.

Siehe auch: Bergwandern/Bergsteigen; Wogging; Belastungsumfang

Wogging

Wogging ist schnelles Gehen oder Marschieren. Dieses in den Vereinigten Staaten als Nachfolgewelle zum Jogging kreierte Ausdauertraining findet auch Anhänger in der „alten Welt“. Schnelles Gehen kann ein ebenso effektives Ausdauertraining darstellen wie langsames Laufen. Der wesentliche Unterschied liegt in der orthopädischen Belastung. Beim Laufen besteht eine Flugphase, in deren Folge es bei der Landung zu relativ hohen Belastungen im Sprung-, Knie- und Hüftgelenk kommt. Woggen hat keine Flugphase, die Gelenkbelastung ist erheblich geringer. Dies macht diese Art des Trainings interessant für Übergewichtige.

Da viele ältere Hypertoniker zu Übergewicht neigen, wäre Wogging für sie eine bedenkenswerte Alternative zum Joggen.

Blutdruckprobleme von seiten der Belastungsstruktur dieser Sportart sind nicht erkennbar. Auch das Problem, sich durch zu hohe Belastungsintensitäten zu überfordern, ist beim Woggen weitaus geringer als beim Joggen.

Nur bedingt nachahmenswert sind die Tendenzen, Woggen auf großen Parkplätzen oder gar in Einkaufszentren durchzuführen. Ein Park oder ähnliches sollte es schon sein. Wenn es dann in Wald und Feld stattfindet, ist die Ähnlichkeit zum Wandern recht groß.

Siehe auch: Laufen; Wandern; Bergwandern

HOSEN
DiRo

Differenzierende Hochdrucktherapie

Tredalat, **Calciumantagonismus** plus **Betablocker.** Senkt den Blutdruck, reduziert die linksventrikuläre Herzhypertrophie und damit Risiken wie Herzinsuffizienz, Herzrhythmusstörungen und Herzinfarkt.

nach Alpha-Blockade. – MAO-Hemmer nicht gleichzeitig nehmen. – Bis zum Vorliegen weiterer Erfahrungen Anwendung bei schwerer Nieren- und Leberfunktionsstörung vermeiden.
Nebenwirkungen: Tredalat wird im allgemeinen gut vertragen. Seltene Nebenwirkungen: Kopfschmerz, Schwindel, Müdigkeit, Schlafstörungen, depressive Verstimmung, Alpträume, Halluzinationen, Flush, Hautrötung, Kribbeln und Kältegefühl (Hände, Füße), Wärmegefühl, verminderter Tränenfluß, Bronchospasmus, Mundtrockenheit, Durst, Magen-Darm-Störungen, Bradykardie, Palpitationen, Hypotonie, Verstärkung einer Herzmuskelschwäche, schwere Beine, Muskelkrämpfe oder Muskelschwäche, – Verzögerung der Normalisierung einer hyperglykämischen Stoffwechselsituation, dadurch Verschleierung des Symptoms, schneller Puls bei Diabetikern. – In einzelnen Fällen (eher bei höherer Dosierung/Langzeittherapie). L. E.-ähnliches Syndrom, äußerst selten Zahnfleischveränderungen (Gingiva-Hyperplasie): beide nach Absetzen verschwindend. – Bei – äußerst seltenen – Schmerzen im Bereich der Brust (u. U. Angina pectoris-artige Beschwerden) sollte der Patient den Arzt informieren. – An mögliche Beinödeme nach Gabe von Nifedipin denken. – Bei M. Raynaud und intermittierendem Hinken (vorübergehende) Verstärkung der Beschwerden nicht auszuschließen. –
Hinweis: Durch individuell auftretende unterschiedliche Reaktionen kann die Fähigkeit zur aktiven Teilnahme am Straßenverkehr oder zum Bedienen von Maschinen beeinträchtigt werden. Dies gilt in verstärktem Maße bei Behandlungsbeginn und Präparatewechsel sowie im Zusammenwirken mit Alkohol.
Wechselwirkungen: Der blutdrucksenkende Effekt kann durch andere Hypertonika verstärkt werden; bei gleichzeitiger Anwendung mit Reserpin, Alpha-Methyl-Dopa, Clonidin, Guanethidin und Guanfacin neben unerwünscht starker Blutdrucksenkung stärkere Senkung der Herzfrequenz möglich. – Cimetidin kann blutdrucksenkende Wirkung verstärken (bei Tredalat-Dosierung berücksichtigen). – Verzögerung der Normalisierung einer hypoglykämischen Stoffwechselsituation, dadurch Verschleierung des Symptoms, schneller Puls bei Anwendung antidiabetischer Substanzen möglich. – Bei gleichzeitiger Anwendung von Calciumantagonisten vom Verapamil-Typ oder anderen Antiarrhytmika wegen möglicher Hypotension, Bradykardie und anderer Herzrhytmusstörungen Patienten sorgfältig überwachen. Intravenöse Verabreichung von Calciumantagonisten und Antiarrhytmika sollte unterbleiben. – Vor Operationen Tredalat möglichst nicht absetzen, aber bei Narkose an negative Inotropie von Acebutolol denken.
Hinweis: Lacktabletten vor direktem Sonnenlicht schützen!
Handelsformen: Packungen mit 30 Lacktabletten DM 39,05; Packungen mit 50 Lacktabletten DM 61,75; Packungen mit 100 Lacktabletten DM 110,20.
Stand: Januar 1991, Bayer Leverkusen.

1.D 131

Der Tredalat®-Patient: Nervös, jünger, herzgefährdet.

Bayer

Notizen

Notizen

D 928 – 9120 / 840503